FAIR TRADE BOTSCHAFTER

Fairer Handel als Lernfeld in der Schule

Herausgeber: Verein zur Förderung des
Umweltbildungszentrums SCHUBZ Lüneburg e. V.

Impressum

SCHUBZ Edition

Herausgegeben von: Dr. Frank Corleis
Verein zur Förderung des Umweltbildungszentrums
SCHUBZ Lüneburg e. V.
Wichernstraße 34
21335 Lüneburg
www.schubz.org

Band 2: Fair Trade Botschafter

Die SCHUBZ Edition des Vereins zur Förderung des Umweltbildungszentrums SCHUBZ Lüneburg e. V. dient der Publikation innovativer Bildungskonzepte und -materialien aus Pilotprojekten sowie neuer Erkenntnisse und Tagungsergebnisse einer Bildung für nachhaltige Entwicklung (BNE). Mit der Reihe sollen wichtige Impulse für die schulische und außerschulische Bildungspraxis gegeben werden, um BNE transdisziplinär, d. h. durch das Überschreiten von Disziplingrenzen, in der Bildungslandschaft zu verankern und ein Zusammenspiel von gesellschaftlich-politischen und wissenschaftlich-analytischen Entscheidungs- bzw. Problemlösungsprozessen in der Bildungslandschaft zu fördern. Durch das Zusammenwirken von Wissenschaft und Praxis werden ein wechselseitiger Lernprozess und dadurch ein Erkenntnisgewinn intendiert.

Zitation: Corleis, F.; SCHUBZ e. V. (Hrsg.) (2017). Fair Trade Botschafter – Fairer Handel als Lernfeld in der Schule. Schneider Verlag Hohengehren, Baltmannsweiler.

Das Buch einschließlich aller seiner Teile ist urheberrechtlich geschützt. Jede Verwertung außerhalb der engen Grenzen des Urheberrechtsgesetzes ist ohne Zustimmung des Verlages unzulässig und strafbar. Das gilt insbesondere für Vervielfältigungen, Übersetzungen, Mikroverfilmungen und die Einspeicherung und Verarbeitung in elektronischen Systemen.

© Schneider Verlag Hohengehren, 73666 Baltmannsweiler
Printed in Germany 2017

Redaktion: Dr. Nadin Hermann

Texte: siehe Einzelnachweise (Kapitel)

Druck: Appel & Klinger, Schneckenlohe

Lektorat: Detlev Brockes, www.detlevbrockes.de

Satz und grafische Gestaltung: m-PART, Lüneburg

Bilder: Schubz e.V. /Fotolia.com und siehe Einzelnachweise

Cover: Volker Butenschön

ISBN: 978-3-8340-1717-8

Inhaltsverzeichnis

In dieser Veröffentlichung finden Sie ...

Wissenswertes für Lehrkräfte

Unterrichtstipps für Lehrkräfte

Arbeitsblätter für Schüler*innen

Impressum	2
Grußworte	4
Die Partner der Bildungsinitiative	110

1. Die Bildungsinitiative „Schülerfirmen als Fair Trade Botschafter"	6
2. Bildung für nachhaltige Entwicklung und Fairer Handel	10
3. Voll global! Unsere Schülerfirma handelt fair	13
Unterrichtstipps zum Globalen Lernen	21
4. Was bedeutet Fairer Handel?	22
Der Weg der Schokolade	28
Aufbau einer Wissensgalerie zum Fairen Handel	29
Entwicklung eingener Produkte nach den Kriterien der Nachhaltigkeit	45
5. Marketing in Schülerfirmen	50
• Marketingkonzept für Schüler*innen	52
• Verkaufstraining: Clever überzeugen!	83
• Fair Trade trifft gesund!	86
6. Partizipation	89
Methoden zur kreativen Ideenfindung: Werdet aktiv!	91
Unterrichtsmethode: Sei ein Botschafter!	97
7. Kooperationen	104
8. Best Practice – Ideen für mehr Gerechtigkeit	108

Grußworte

**Sehr geehrte Damen und Herren,
liebe Leserinnen und Leser,**

Bildung für nachhaltige Entwicklung und Globales Lernen fördern eine verantwortliche und gerechte Gestaltung der Zukunft und auch der Gegenwart. Bei der Stärkung des Nachhaltigkeitsbewusstseins und der Vermittlung entsprechender Kompetenzen sollten interkulturelle Aspekte, Wertehaltungen und ethische Fragen berücksichtigt und inklusives, ganzheitliches Lernen ermöglicht werden. Nachhaltige Schülerfirmen und -genossenschaften haben sich in den letzten Jahren als ein sehr erfolgreicher methodischer Zugang im Rahmen einer Bildung für nachhaltige Entwicklung bewiesen. Über nachhaltige Schülerfirmen gelingt es, ein sowohl handlungs- und ergebnisorientiertes als auch öffentlichkeitswirksames Lernarrangement, das zur Öffnung von Schule beitragen und das Schulprofil stärken kann, zu realisieren. Schüler*innen erwerben als Mitarbeiter*innen in ihren Schulunternehmen erste Kenntnisse über marktwirtschaftliche Zusammenhänge und lernen nicht nur ökonomisches Denken und Handeln, sondern auch, dass Wirtschaft eine gesellschaftliche wie auch ökologische Verantwortung trägt. Ökologische Verträglichkeit und soziale Gerechtigkeit sind Leitgedanken, die dazu beitragen, dass Schüler*innen als Entscheidungsträger von morgen eine zukunftsfähige Gesellschaft mitgestalten. Somit zeigen nachhaltige Schülerfirmen jungen Menschen, wie sie die Zukunft nachhaltig umgestalten können – nicht nur durch bewusstere Kaufentscheidungen innerhalb und schließlich auch außerhalb von Schule, sondern auch als potenzielle Gründer*innen eines eigenen Unternehmens. Als Deutsche Bundesstiftung Umwelt haben wir es uns zur Aufgabe gemacht, Pilotprojekte mit einem hohen ökologisch-transformativen Potenzial, wie die Bildungsinitiative „Schülerfirmen als Fair Trade Botschafter", zu fördern. Hierbei werden insbesondere Projektansätze berücksichtigt, die eine praxisnahe Thematisierung der planetaren ökologischen Grenzen fokussieren. Nachhaltiges, sozial gerechtes wirtschaftliches Handeln ist dabei eine wesentliche Grundlage, um die ökologische Kapazität der Biosphäre dauerhaft auch für zukünftige Generationen zu bewahren. Hier dürfen nachhaltige Schülerfirmen mit Fug und Recht als Realexperimente der Nachhaltigkeit bezeichnet werden, führen sie doch nicht selten zu tiefgreifenden Veränderungen im Bereich Beschaffung (Schulmaterialien) und Verpflegung an Schulen und leisten auch hierüber nicht nur einen formalen, sondern auch informalen Beitrag zur nachhaltigen Transformation von Bildung und Schule. Allen Leser*innen wünschen wir eine anregende Lektüre mit neuen Ideen und Erkenntnissen für den eigenen Unterricht.

**Dr. Alexander Bittner
(Deutsche Bundesstiftung
Umwelt, DBU)**

**Sehr geehrte Damen und Herren,
liebe Leserinnen und Leser,**

Aus der Perspektive der Bildung für nachhaltige Entwicklung machen nachhaltige Schülerfirmen und -genossenschaften umweltbewusstes Wirtschaften erlebbar und stärken bei den Mitarbeitenden wichtige zukunftsrelevante Kompetenzen. Schüler*innen lernen, Verantwortung zu übernehmen – für sich, das Team, für die Schule. Die tollen in dieser Bildungsinitiative entwickelten Beispiele sind vielfältig: Von leckeren Catering-Angeboten, dem Bio-Schulkiosk, nachhaltigen Starterpaketen für Schulanfänger*innen bis hin zur eigenen Müsliherstellung und selbstgefertigten Taschen reicht die Bandbreite an Produkten und Dienstleistungen. Die Aufgabe, dabei den Blick auch auf globale Gerechtigkeit als ein weiteres bedeutendes Prinzip der Nachhaltigkeit zu werfen, liegt nahe und stärkt ein Bewusstsein der Lernenden für faire Handelsbeziehungen und soziale Verantwortung einer globalisierten Welt. Die Verankerung des Fairen Handels als Lernfeld für Schülerfirmen im Rahmen der Initiative „Schülerfirmen als Fair Trade Botschafter" ist daher innovativ und zugleich sehr erfolgreich, wie die Ergebnisse des Projektes schon jetzt gezeigt haben. Die Niedersächsische Bingo-Umweltstiftung hat daher gern einen Teil der Förderung übernommen, um unter anderem die Veröffentlichung dieser Bildungsmaterialien zu ermöglichen. Über dieses Lehrbuch stehen die Bildungsangebote nun auch weiteren Schulen und anderen Bildungseinrichtungen zur Verfügung. Wir wünschen allen Leser*innen eine erfolgreiche Arbeit mit den in der Initiative entstandenen und bewährten Materialien.

**MdL Sigrid Rakow
(Niedersächsische Bingo-
Umweltstiftung)**

**Sehr geehrte Damen und Herren,
liebe Leserinnen und Leser,**

im Jahr 2015 fiel der Startschuss für das UNESCO-Weltaktionsprogramm Bildung für nachhaltige Entwicklung als das Folgeprogramm der Vereinten Nationen für die UN-Dekade „Bildung für nachhaltige Entwicklung". Auch unsere Schulen als lebendiger Teil der Gesellschaft stehen vor der Herausforderung, Lernende zu befähigen, die Zukunft nachhaltig zu gestalten. Dabei sind wirtschaftliche, ökologische und soziale Aspekte in Einklang zu bringen und können - wenn möglich - ganzheitlich erfahrbar gemacht werden.

An Schulen aller Schulformen in Niedersachsen spielen hierbei nachhaltige Schülerfirmen eine wichtige Rolle. Nachhaltige Schülerfirmen sind Unterrichtsprojekte, in denen praxisorientiertes Lernen sowie die Übernahme von Verantwortung und Teilhabe an Entscheidungsprozessen seitens der Schülerinnen und Schüler im Vordergrund stehen. Diese Schülerfirmen haben in erster Linie das pädagogische Ziel, die wirtschaftlichen, sozialen und ökologischen Folgen und Zusammenhänge von ökonomischen Prozessen zu verdeutlichen. Die Mitglieder der Schülerfirma setzen ihre Geschäftsideen weitgehend selbstständig um, wobei die Lehrkraft stets beratend zur Seite steht. Wichtige Teilaspekte sind der sparsame Umgang mit Ressourcen und die soziale Gerechtigkeit – beispielsweise im Rahmen der Beachtung fairer Arbeitsbedingungen, sowohl in den Herkunftsländern der angebotenen Produkte als auch bei der Zusammenarbeit in der Schülerfirma selbst.

Nachhaltige Schülerfirmen können dabei Unterrichtsprojekte in den unterschiedlichsten Fächern, im Ganztag oder in einer Arbeitsgemeinschaft sein. Sie wirtschaften mit echten Produkten am realen Markt und knüpfen Kontakte zu realen Unternehmen, erstellen Businesspläne und Jahresbilanzen. Sie dienen der wirtschaftlichen Grundbildung, der Berufsvorbereitung sowie dem Kompetenzerwerb im Sinne einer Bildung für nachhaltige Entwicklung.

Das Netzwerk der Nachhaltigen Schülerfirmen in Niedersachsen besteht heute aus ca. 820 nachhaltigen Schülerfirmen. Betreut wird das Schülerfirmen-Netzwerk von einer Landesfachkoordination und 15 Regionalkoordinatorinnen und -koordinatoren, die landesweit in Arbeitskreisen mit den Lehrkräften der beteiligten Schulen zusammenarbeiten. Das Land unterstützt die Arbeit der Koordinatorinnen und Koordinatoren umfangreich mit wöchentlichen Anrechnungsstunden. Auch deshalb kann dieses flächendeckende Netzwerk wohl bundesweit als einzigartig bezeichnet werden.

Das Niedersächsische Kultusministerium begrüßt Initiativen zur Förderung von nachhaltigen Schülerfirmen und –genossenschaften auch als inklusives Bildungsangebot und als realistische Arbeits- und Lernsituation für Schülerinnen und Schüler.

Ich freue mich auch aus diesem Grund, dass das Koordinatorenteam der nachhaltigen Schülerfirmen in die Bildungsinitiative „Schülerfirmen als Fair Trade Botschafter" eingebunden wurde. Mit ihrer Erfahrung und ihren besonderen pädagogischen Kenntnissen kann es erfolgreich unterstützen und gleichzeitig aus den innovativen Inhalten Erkenntnisse gewinnen für weiteres Beratungshandeln.

Die Initiative stärkt damit das Netzwerk und bietet zahlreichen Schülerinnen und Schülern aus den 18 teilnehmenden Schulen aus Niedersachsen und deren Lehrkräften zusätzliche Lerngelegenheiten und einen realen Blick in die nachhaltige Wirtschaft – hier unter Einbeziehung der Perspektive des Globalen Lernens.

Frauke Heiligenstadt (Niedersächsische Kultusministerin)

Bildrecht/Tom Figiel

Vorwort des Herausgebers

1. Die Bildungsinitiative „Schülerfirmen als Fair Trade Botschafter"

Dr. Frank Corleis, SCHUBZ Umweltbildungszentrum Lüneburg e. V.

Das Thema Fairer Handel ermöglicht Schüler*innen handlungsorientiertes Erleben globaler Zusammenhänge. Darüber hinaus bietet es die Chance, im Sinne der Bildung für nachhaltige Entwicklung (BNE) soziale Verantwortung zu übernehmen. Mit der Bildungsinitiative „Schülerfirmen als Fair Trade Botschafter" möchten der Förderverein Nachhaltige Schülerfirmen e. V. und das SCHUBZ Umweltbildungszentrum Lüneburg das Thema Fair Trade in bestehende Schülerfirmen und -genossenschaften als Geschäfts- und Lernfeld einbinden und im Sinne der BNE systematisch verankern. Im Rahmen der Bildungsinitiative wurden die Mitarbeitenden der teilnehmenden Schülerfirmen im Bereich des Fairen Handels geschult und agieren über die Projektlaufzeit hinaus als Fair Trade Botschafter. Insbesondere vor dem Hintergrund der 17 im Jahr 2015 aufgestellten Nachhaltigkeitsziele (SDGs) der Vereinten Nationen bieten nachhaltige Schülerfirmen ein geeignetes Setting, um lokal in der Schulgemeinschaft zu handeln und globale Auswirkungen zu reflektieren.
Ich möchte dem Landeskoordinator Carsten Schröder, den Regionalkoordinatoren für nachhaltige Schülerfirmen und den vielen Projektpartnern, hier stellvertretend dem Eine-Welt-Netz Nordrhein-Westfalen, für die sehr gute und konstruktive Zusammenarbeit danken. Dank der finanziellen Unterstützung der Deutschen Bundesstiftung Umwelt (DBU) und der Niedersächsischen Bingo-Umweltstiftung konnten wir in einem zweijährigen Pilotvorhaben vielfältige Methoden und Unterrichtsmöglichkeiten zusammenführen, entwickeln und optimieren. Diese praxiserprobten Methoden und Beispiele werden mit dieser Publikation weitergegeben.
Ich wünsche allen Leserinnen und Lesern viel Freude beim Einsatz der Methoden und Materialien und viel Mut,

> Der Herausgeber leitet das Umweltbildungszentrum SCHUBZ, ein vom Land Niedersachsen anerkanntes regionales Umweltbildungszentrum in Trägerschaft der Hansestadt und des Landkreises Lüneburg. Es entwickelt Bildungskonzepte und -materialien im Kontext einer Bildung für nachhaltigen Entwicklung (BNE). Als außerschulischer Lernort bietet das SCHUBZ zielgerechte Angebote, die handlungsorientiertes Lernen ermöglichen.

ihre Schülerfirmen zu Botschaftern für mehr Gerechtigkeit in der Welt zu machen. Nach dem Motto: lokal handeln und global denken!

Die im Rahmen der Bildungsinitiative entstandenen Bildungsmaterialien und -angebote zum Thema Fairer Handel sind in dieser Veröffentlichung zusammengefasst und können somit langfristig und bundesweit von interessierten Schulen verwendet werden.

Binnendifferenzierung und inklusive Bildung

Bei heterogenen Lerngruppen können mithilfe eines differenzierten Unterrichts die persönlichen Interessen und Lernbedürfnisse aller Schüler*innen berücksichtigt werden. Im Projekt entstanden zusätzlich Materialien für inklusive Bildung für nachhaltige Entwicklung, die ebenfalls Bestandteil dieser Veröffentlichung sind. Eine Auswahl an Lerninhalten wurde in einfacher Sprache formuliert und mit unterschiedlichen Schwierigkeitsgraden entwickelt, sodass sie an die unterschiedlichen Arbeitstempi auch im Rahmen des Sprachförderunterrichtes für geflüchtete Schüler*innen angepasst sind. Diese Arbeitsblätter sind gekennzeichnet als „Arbeitsblätter mit einfacher Sprache".

Generell unterstützen kann den inklusiven Unterricht die Methode „Arbeiten mit Piktogrammen". Eine Hilfe bei der Erstellung von Piktogrammen finden Sie unter:

www.pictoselector.eu/

zur Bildungsinitiative

Kick-off Veranstaltung der Bildungsinitiative „Schülerfirmen als Fair Trade Botschafter" mit Vertretern aller Projektpartner und Stiftungen.

Anfang Juni 2015 startete die Bildungsinitiative „Schülerfirmen als Fair Trade Botschafter". Initiiert wurde sie vom SCHUBZ Umweltbildungszentrum Lüneburg, getragen vom Verein zur Förderung der Nachhaltigen Schülerfirmen e. V. und vom SCHUBZ e. V. Jugendliche in nachhaltigen Schülerfirmen wurden in diesem Projekt zu Botschaftern für den Fairen Handel in ihren Schulen und veränderten den Blick auf Gerechtigkeit in der Globalisierung. 30 Schülerfirmen aus Niedersachsen und Nordrhein-Westfalen entwickelten über einen Projektzeitraum von zwei Jahren gute Praxisbeispiele für einen gerechteren Handel – auch für weitere Schülerfirmen. Die Koordination der Schülerfirmen im Rahmen der Bildungsinitiative übernahm in Niedersachsen das SCHUBZ Umweltbildungszentrum; in Nordrhein-Westfalen war es das Eine Welt Netz NRW e. V.
Zentrales Ziel der Bildungsinitiative war es, Fairen Handel als Geschäfts- und Lernfeld in Schulen zu etablieren und Konzepte zum Globalen Lernen zu entwickeln.

Über nachhaltige Schülerfirmen kann Bildung für nachhaltige Entwicklung sehr praxisnah in der Schule gelebt und das Umfeld einbezogen werden.
Um das Thema Fairer Handel optimal in den am Projekt beteiligten Schülerfirmen zu verankern, wurden diese umfangreich unterstützt: Über Workshops für Schüler*innen und Fortbildungen für Lehrkräfte, mithilfe neuer Bildungsmaterialien und mit einem bundesweiten Ideenwettbewerb nahmen Schulen Fair Trade mehr in den Blick ihres Lehrplanes und lernten Möglichkeiten kennen, der ungleichen Entwicklung in der globalisierten Welt entgegenzuwirken.

Die Methode nachhaltige Schülerfirma ermöglicht einen praxisnahen Unterricht, der das Schulleben aktiv verändern kann. Schüler*innen können ihr Sortiment an Snacks, Getränken und Kleidung unter die Lupe nehmen und Herstellung, Transportwege und Löhne für die Produzent*innen beurteilen. Im Rahmen des Projektes wurde das Sortiment dann möglichst „fair" ausgerichtet. Da keiner die Mitschüler*innen, Lehrkräfte und Eltern so gut von den fairen Produkten überzeugen kann wie die Schülerschaft selbst, halfen Profis aus der Wirtschaft den Schülerfirmen bei den Argumenten für Fairen Handel und beim Marketing.

In die Bildungsinitiative eingebunden waren neben dem Eine Welt Netz NRW auch der Verein Niedersächsischer Bildungsinitiativen e. V. (VNB), der Verband Entwicklungspolitik Niedersachsen e. V. (VEN), die Regionale Bildungsstelle Nord (Bildung trifft Entwicklung) und Peer Leader International. Die Fair-Handelsorganisationen GEPA und El Puente, die gleichzeitig Importeure fair gehandelter Waren sind sowie die Memo AG und Mela Wear unterstützen die Initiative als Wirtschaftspartner. Zusätzlich waren weitere Umweltbildungszentren und die Regionalberater*innen für nachhaltige Schülerfirmen in Niedersachsen sowie die NaSch-Community (Internetplattform der Freien Universität Berlin) integriert.

Das Projekt

Treffen des Beirates und der Projektverantwortlichen; von links nach rechts, oben: Jens Elmer (Eine Welt Netz NRW), Prof. Dr. Matthias Barth (Leuphana Universität), Rolf Dasecke (ehem. Landeskoordinator für nachhaltige Schülerfirmen in Niedersachsen), Frank Corleis (SCHUBZ Umweltbildungszentrum), Carsten Schröder (Landesschulbehörde Niedersachsen); von links nach rechts, unten: Beate Möller (GEPA), Gabriele Janecki (Verein Niedersächsischer Bildungsinitiativen), Nadin Hermann (SCHUBZ Umweltbildungszentrum) Auf dem Bild fehlen Peter Reinhart (Niedersächsischer Landesbehörde) und Dr. Alexander Bittner (Deutsche Bundesstiftung Umwelt)

Unterstützt wurde die Initiative von Partnern aus der Bildungsarbeit und der Wirtschaft sowie von einem Projektbeirat, interdisziplinär zusammengesetzt aus Vertreter*innen von Bildungspraxis, Wirtschaft, Wissenschaft, Verwaltung, Eine-Welt-NGOs und Stiftungen. Konzeption und Durchführung aller Bildungsangebote erfolgten in enger Abstimmung mit dem Beirat und den Partnern der Initiative. Die Projektverantwortlichen und der Beirat wünschen den Schülerfirmen und -genossenschaften sowie anderen Bildungseinrichtungen eine erfolgreiche Arbeit mit den entwickelten Materialien und eine kreative Weiterentwicklung der eigenen Firmenprofile.

Projektverantwortliche:
Dr. Frank Corleis (SCHUBZ Umweltbildungszentrum), Carsten Schröder (Niedersächsische Landesschulbehörde) und Dr. Nadin Hermann (SCHUBZ Umweltbildungszentrum)

Beirat:
Prof. Dr. Matthias Barth (Leuphana Universität), Rolf Dasecke (ehem. Landeskoordinator für nachhaltige Schülerfirmen in Niedersachsen), Beate Möller (GEPA), Dr. Alexander Bittner (Deutsche Bundesstiftung Umwelt), Gabriele Janecki (Verein Niedersächsischer Bildungsinitiativen), Jens Elmer (Eine Welt Netz NRW), Peter Reinert (bis 30.07.2016) (Niedersächsische Landesschulbehörde)

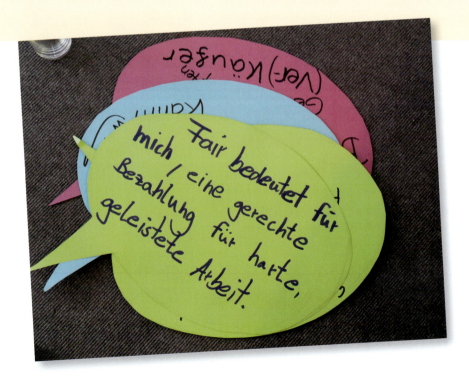

Das Projekt im Überblick

Gesamtkoordination	SCHUBZ Umweltbildungszentrum Lüneburg
Träger	Förderverein des SCHUBZ e. V., Förderverein Nachhaltige Schülerfirmen e. V.
Ziel	Fairen Handel als Geschäfts- und als Lernfeld in Schulen etablieren
Projektlaufzeit	zwei Jahre; Juni 2015 bis Mai 2017
Förderung	Deutsche Bundesstiftung Umwelt (DBU) und Niedersächsische Bingo-Umweltstiftung
Ansprechpartner	• für Schülerfirmen in Niedersachsen: Dr. Nadin Hermann, SCHUBZ Umweltbildungszentrum Lüneburg • für Schülerfirmen in Nordrhein-Westfalen: Christa Pashalides, Eine Welt Netz NRW e. V.
Wirtschaftspartner	die Fair Trade Handelsorganisationen GEPA und El Puente sowie die Memo AG und Mela Wear
Bildungspartner	Verein Niedersächsischer Bildungsinitiativen e. V. (VNB), Verband Entwicklungspolitik Niedersachsen e. V. (VEN), Peer Leader International, die Regionalberater*innen für nachhaltige Schülerfirmen in Niedersachsen, NaSch-Community (Internetplattform der Freien Universität Berlin für nachhaltige Schülerfirmen), Regionale Bildungsstelle Nord mit dem Programm „Bildung trifft Entwicklung" (Unterstützung bei der Durchführung von Schulungen)

Wissenswertes für Lehrkräfte

2. Bildung für nachhaltige Entwicklung und Fairer Handel

Dr. Nadin Hermann, SCHUBZ Umweltbildungszentrum Lüneburg e. V.

Die Bedeutung von Bildung als Schlüssel nachhaltiger Entwicklung wird durch die UN-Dekade „Bildung für nachhaltige Entwicklung (BNE)" (2005-2015) und das nachfolgende Weltaktionsprogramm BNE (2015-2019) deutlich. Das letztgenannte Folgeprogramm leistet einen wesentlichen Beitrag zur Agenda 2030, die im September 2015 von den Vereinten Nationen verabschiedet wurde und die 17 Ziele nachhaltiger Entwicklung - die Sustainable Development Goals (SDGs) - umfasst (BNE-Portal, 2016). Sie berücksichtigen die Prinzipien der Nachhaltigkeit in den Bereichen Armut, Hunger, Gesundheitsversorgung, Bildung, Gleichberechtigung der Geschlechter, Wasser, Energie, Wirtschaft, Infrastruktur, Reduzierung von Ungleichheiten, nachhaltige Städte und Gemeinden, nachhaltiger Konsum, Klimaschutz, Leben unter Wasser, Leben an Land, Frieden und Gerechtigkeit und Partnerschaften.

Was vermittelt Bildung für nachhaltige Entwicklung?

Bildung für nachhaltige Entwicklung (BNE) vermittelt Kindern, Jugendlichen und Erwachsenen nachhaltiges Denken und Handeln. Sie versetzt Menschen in die Lage, Entscheidungen für die Zukunft zu treffen und dabei abzuschätzen, wie sich das eigene Handeln auf künftige Generationen oder das Leben in anderen Weltregionen auswirkt (Deutsche UNESCO-Kommission, 2013). Dabei will BNE verschiedene Kompetenzen vermitteln, die Lernende befähigen, sich in komplexen Situationen (mit wirtschaftlichen, ökologischen und sozialen Ursachen) reflektiert entscheiden zu können. Lernende sollen in gesellschaftlichen Entscheidungssituationen globale Zusammenhänge und Auswirkungen lokalen Handelns erkennen sowie Herausforderungen wie beispielsweise globale Gerechtigkeit berücksichtigen.

Diese Kompetenzen werden als Gestaltungskompetenz zusammengefasst (de Haan/Harenberg, 1999). Teilkompetenzen der Gestaltungskompetenz sind beispielsweise
- vorausschauendes Denken und Handeln
- interdisziplinäre Erkenntnisgewinnung
- Reflexion der eigenen Leitbilder und der Leitbilder anderer
- Empathie und Solidarität
- Partizipation an Entscheidungsprozessen.

Anforderung an die Schule

Schule sollte Lernenden einen grundlegenden Einblick in globale Prozesse ermöglichen, ein Verständnis für die Lebensverhältnisse anderer vermitteln und Handlungskompetenzen aufzeigen. Der vom Weltaktionsprogramm BNE geforderte „whole institution approach" beschreibt ein Konzept, das die gesamte Einrichtung in den Bildungsansatz einbezieht. Über diesen Ansatz erfolgt eine systematische Verankerung von BNE in der Schule. Nachhaltige Schülerfirmen schärfen das Schulprofil und sind geeignete Methoden, das gesamte Schulumfeld in die Bildung einzubeziehen.

Die Inhalte einer Bildung für nachhaltige Entwicklung können durch unterschiedliche Methoden vermittelt werden:
- Situatives Lernen (die Lebenswelt der Schüler*innen berühren)
- Interdisziplinäres Lernen (Sachverhalte aus unterschiedlichen Blickwinkeln betrachten)
- Personenzentriertes Lernen (z. B. Lebensverhältnisse bestimmter Personen aus unterschiedlichen Ländern reflektieren)
- Ganzheitliches Lernen (schulumfassender Ansatz)
- Partizipatorisches Lernen (Schülerbeteiligung und projektbasierten Unterricht fördern).

Beispiele sind: Partnerschaften mit anderen Ländern, Fair Trade Projekte, Eine-Welt-Frühstück, Austausch mit anderen Schüler*innen via Internet, E-Mail- oder Briefaustausch, Einladung von Referent*innen aus der entwicklungspolitischen Zusammenarbeit, Einbeziehung außerschulischer Partner und Lernorte, Schülerbeteiligung über Aktionsformen wie Kunstaktionen, unsichtbares Theater und vieles mehr.

Partnerschaften auf Augenhöhe

Bei Hilfsaktionen ist es wichtig, die Schüler*innen für diskriminierende Bilder und Stereotypen zu sensibilisieren und klassische Zuschreibungen wie „hilfebedürftig" oder „arm" für bestimmte Kontinente zu reflektieren. Hier können die Ursachen für Armut und Ungleichheit besprochen werden, um Partnerschaften auf Augenhöhe und ein gegenseitiges Lernen zu ermöglichen (siehe Kapitel 3). Auch das Konzept des Buen Vivir (Gutes Leben) kann als alternatives Konzept diskutiert werden, das nicht Fortschritt und Wohlstand in den Vordergrund stellt, sondern soziale und kulturelle Anerkennung in einer Gemeinschaft, Harmonie zwischen Mensch und Natur sowie Gerechtigkeit und Gleichberechtigung (Heinrich Böll Stiftung, 2011; Engagement Global, 2016).

Wirtschaft und nachhaltige Entwicklung

Um die Herausforderungen der Globalisierung kreativ und innovativ zu lösen, bedarf es neben zivilgesellschaftlichem Engagement auch der Mitwirkung der Wirtschaft. Das Bundesministerium für wirtschaftliche Zusammenarbeit und Entwicklung (BMZ) sieht in Unternehmen bedeutende Partner der Entwicklungszusammenarbeit, da sie Arbeits-, Konsum- und Produktionsbedingungen sowie soziale und kulturelle Räume gestalten. Durch den Einfluss auf die Prozesse der Globalisierung tragen sie gleichzeitig eine große gesellschaftliche Verantwortung, die Weltwirtschaft ökologisch nachhaltig und sozial verträglich zu gestalten (BMZ, 2016).

Der Faire Handel orientiert sich schon seit den 1960er-Jahren am Leitbild der Nachhaltigkeit (Forum Fairer Handel, 2013) und unterstützt damit nachhaltige Entwicklung weltweit. Fair Trade in Schülerfirmen zu etablieren, bietet deshalb die große Chance, dass junge Menschen nachhaltige Entwicklung schon früh praxisnah erleben.

Warum sich Fairer Handel besonders für Schülerfirmen als Handlungsfeld eignet

Die Bildungsinitiative „Schülerfirmen als Fair Trade Botschafter" zeigt: Das Thema Fairer Handel eignet sich besonders gut als Handlungsfeld für Schülerfirmen.

Die Schüler*innen setzen sich nicht nur theoretisch mit diesem komplexen Thema auseinander, sondern beschäftigen sich konkret mit der Herkunft und den Produktionsbedingungen ihres Sortiments. Dieses Vorgehen ermöglicht einen praktischen und auch sinnlichen Zugang und spricht sie als Verbraucher*innen direkt an. Lebensmittel und Kleidung sind außerdem Produkte aus der Alltagswelt der Jugendlichen und stellen somit einen realitätsnahen Zugang dar.

Schüler*innen lernen am Projekt die Marktwirtschaft unter sozialen, ökologischen und wirtschaftlichen Kriterien kennen und bekommen einen Einblick in den Weltmarkt, den sie anhand der gelernten Inhalte bewerten können. In der Schülerfirma wird ihnen die Verantwortung für reale Waren übertragen, sie müssen planen, lagern, präsentieren und verkaufen – ihre persönlichen und methodischen Kompetenzen werden gefördert.

Die Methode „nachhaltige Schülerfirma" ist durch ihre projektartige Struktur insbesondere auch für heterogene Lerngruppen bzw. für inklusives Lernen geeignet. Die Schüler*innen können ihre individuellen Fähigkeiten in das Projekt einbringen, Inklusion ist über verschiedene Methoden wie Binnendifferenzierung oder die Arbeit mit Piktogrammen zu realisieren. Durch die Beschäftigung mit weltweiter Gerechtigkeit können Schüler*innen den Bogen zur lokalen Gerechtigkeit schlagen. Es kommt schnell die Frage auf, wie es eigentlich mit dem Fairen Handel direkt vor der eigenen Haustür aussieht. Hierzu können die Kinder selbstständig recherchieren. Es gibt zahlreiche Ansprechpartner vor Ort.

Weiterführende Literatur

BMZ Bundesministerium für wirtschaftliche Zusammenarbeit und Entwicklung (2016):
Wirtschaft - Chancen für nachhaltige Entwicklung. Broschüre. Bonn.

BNE-Portal (2016):
Das Weltaktionsprogramm in Deutschland. Abgerufen am 5.11.2016.

www.bne-portal.de/de/bundesweit/das-weltaktionsprogramm-deutschland

de Haan, G. (Hrsg.) (2007):
Orientierungshilfe Bildung für nachhaltige Entwicklung in der Sekundarstufe I. Begründungen, Kompetenzen, Lernangebote. Berlin.

de Haan, G./Harenberg, D. (1999):
Expertise „Förderprogramm Bildung für nachhaltige Entwicklung". Hrsg. von Bund-Länder-Kommission für Bildungsplanung und Forschungsförderung. Bonn.

Deutsche UNESCO-Kommission (2013):
Bildung für nachhaltige Entwicklung. Weltdekade der Vereinten Nationen 2005-2014. Abgerufen am 15.4.2013.

www.bne-portal.de

Engagement Global (Hrsg.) (2016):
Orientierungsrahmen für den Lernbereich globale Entwicklung. Hrsg. von KMK und Bundesministerium für wirtschaftliche Zusammenarbeit und Entwicklung. 2. Auflage, Bonn.

Forum Fairer Handel (2013):
Fairer Handel und Nachhaltigkeit. Diskussionspapier von Christoph Albuschkat, Hannover.

Heinrich-Böll-Stiftung (2011):
Buen Vivir. Eine kurze Einführung in Lateinamerikas neue Konzepte zum guten Leben und zu den Rechten der Natur. Band 17 der Schriftenreihe Ökologie. Berlin.

Projektbezogene Kompetenzbereiche

Kompetenzbereiche der Bildung für nachhaltige Entwicklung (BNE) — Teilkompetenzen (T) der Gestaltungskompetenz	Orientierungsrahmen für den Lernbereich Globale Entwicklung — Kernkompetenzen (K) — Die Schülerinnen und Schüler können	Thema Fairer Handel — Projektbezogene Kompetenzen in Bezug zu den Kompetenzbereichen der BNE und zum Orientierungsrahmen — Die Schülerinnen und Schüler
Sach-/Methodenkompetenz **T.1** Weltoffen und neue Perspektiven integrierend Wissen aufbauen **T.2** Vorausschauend denken und handeln **T.3** Interdisziplinär Erkenntnisse gewinnen und handeln	**Erkennen** **K1. Informationsbeschaffung und -verarbeitung** … Informationen zu Fragen der Globalisierung und Entwicklung beschaffen und themenbezogen verarbeiten. **K2. Erkennen von Vielfalt** … die soziokulturelle und natürliche Vielfalt in der Einen Welt erkennen. **K3. Analyse des globalen Wandels** … Globalisierungs- und Entwicklungsprozesse mit Hilfe des Leitbildes der nachhaltigen Entwicklung fachlich analysieren. **K4. Unterscheidung gesellschaftlicher Handlungsebenen** … gesellschaftliche Handlungsebenen vom Individuum bis zur Weltebene in ihrer jeweiligen Funktion für Entwicklungsprozesse erkennen.	… informieren sich über die unterschiedlichen Lebensverhältnisse in verschiedenen Ländern. … informieren sich über Produktionsbedingungen und Lieferketten unterschiedlicher Produkte. … können fair gehandelte Produkte anhand von Siegeln und Zeichen erkennen. … betrachten die Globalisierung aus verschiedenen Blickwinkeln. … verstehen, dass lokale wirtschaftliche Entscheidungen in Deutschland auch Konsequenzen für Menschen in anderen Ländern haben können. … erschließen sich interdisziplinär Wissen, indem sie verschiedene Akteure und Expert*innen zum Thema Fairer Handel befragen. … lernen Formen der Schülerbeteiligung kennen.
Selbstkompetenz **E.1** Die eigenen Leitbilder und die anderer reflektieren können **E.2** Selbstständig planen und handeln können **E.3** Empathie und Solidarität für Benachteiligte zeigen können **E.4** Sich motivieren können, aktiv zu werden	**Bewerten** **K5. Perspektivenwechsel und Empathie** … eigene und fremde Wertorientierungen in ihrer Bedeutung für die Lebensgestaltung sich bewusst machen, würdigen und reflektieren. **K6. Kritische Reflexion und Stellungnahme** … durch kritische Reflexion zu Globalisierungs- und Entwicklungsfragen Stellung beziehen und sich dabei an der internationalen Konsensbildung, am Leitbild nachhaltiger Entwicklung und an den Menschenrechten orientieren. **K7. Beurteilen von Entwicklungsmaßnahmen** … Ansätze zur Beurteilung von Entwicklungsmaßnahmen unter Berücksichtigung unterschiedlicher Interessen und Rahmenbedingungen erarbeiten und zu eigenständigen Bewertungen kommen.	… bewerten ihr eigenes Konsumverhalten/ihren eigenen Lebensstil unter dem Aspekt der nachhaltigen Entwicklung. … erschließen die Bedeutung des Fairen Handels für globale Gerechtigkeit. … erkennen kulturelle Vielfalt als Wert an und reflektieren eigene und fremde Werteorientierungen. … verstehen, dass aus den unterschiedlichen Interessen von Akteuren Zielkonflikte entstehen können. … beleuchten die Wahrung von Menschenrechten in der Produktionskette kritisch. … schätzen die Bedeutung des Fairen Handels für nachhaltige Entwicklung ein. … berücksichtigen die eigenen Interessen sowie die Interessen anderer.
Sozialkompetenz **G.1** Gemeinsam mit anderen planen und handeln können **G.2** An Entscheidungsprozessen partizipieren können **G.3** Andere motivieren können, aktiv zu werden	**Handeln** **K8. Solidarität und Mitverantwortung** … Bereiche persönlicher Mitverantwortung für Mensch und Umwelt erkennen und als Herausforderung annehmen. **K9. Verständigung und Konfliktlösung** … soziokulturelle und interessenbestimmte Barrieren in Kommunikation und Zusammenarbeit sowie bei Konfliktlösungen überwinden. **K10. Handlungsfähigkeit im globalen Wandel** … die gesellschaftliche Handlungsfähigkeit im globalen Wandel vor allem im persönlichen und beruflichen Bereich durch Offenheit und Innovationsbereitschaft sowie durch eine angemessene Reduktion von Komplexität sichern und die Ungewissheit offener Situationen ertragen. **K11. Partizipation und Mitgestaltung** Die Schülerinnen und Schüler sind fähig und aufgrund ihrer mündigen Entscheidung bereit, Ziele der nachhaltigen Entwicklung im privaten, schulischen und beruflichen Bereich zu verfolgen und sich an ihrer Umsetzung auf gesellschaftlicher und politischer Ebene zu beteiligen.	… entwickeln aus der Kenntnis schwieriger Lebensverhältnisse Verständnis und Solidarität. … erarbeiten sich eigenständig in Gruppenarbeit Aktionen, die auf soziale Missstände aufmerksam machen und bereiten diese adressatengerecht für ihre Mitschüler*innen und das schulische Umfeld auf. … beteiligen sich aktiv an einer nachhaltigen Entwicklung an ihrer Schule und bieten nachhaltige faire Produkte an. … beziehen ihr Umfeld z. B. durch Informationsweitergabe mit ein. … erkennen Möglichkeiten der Teilhabe (politisch und gesellschaftlich) an Entscheidungsprozessen. … sind in der Lage, Entscheidungen mit anderen gemeinsam zu treffen. … erkennen die Bedeutung von nachhaltiger Entwicklung für eine gerechte globalisierte Welt und entwickeln die Bereitschaft, verantwortungsvoll zu handeln.

Wissenswertes für Lehrkräfte

3. Voll global!
Unsere Schülerfirma handelt fair

Marion Rolle, Verband Entwicklungspolitik Niedersachsen e. V.

Globales Lernen in einer globalisierten Welt

„Voll global!", das ist die Welt, in der wir uns bewegen: am Küchentisch oder vor dem Kleiderschrank, auf dem Weg zur Arbeit oder in die Schule, auf Reisen, im Internet oder Kino. Wir genießen die Vielfalt, die uns in Form von Schokolade, Mango oder Pizza, Kleidung, Musik, (internationalen) Facebook-Freund*innen, Technologie oder schlicht Sprachen begegnet. Zugleich ist die globalisierte Welt jedoch von vielen Widersprüchen und Ungerechtigkeiten gekennzeichnet. Mehr und mehr Flüchtlinge, Kriege und Menschenrechtsverletzungen, der Klimawandel, die zunehmende Kluft zwischen Arm und Reich, mächtige Konzerne und Umweltzerstörung bewirken Gefühle zwischen Wut, Handlungsdruck und Ohnmacht.

> Die Autorin arbeitet in der Fachstelle Globales Lernen des Verbands Entwicklungspolitik Niedersachsen, VEN e. V.
> Der VEN ist der Dachverband von Menschen, Initiativen, Vereinen und Verbänden aus Niedersachsen, die sich für weltweite Gerechtigkeit engagieren.

Globalisierung – eine Definition

Der Begriff „Globalisierung" kommt von „global", was „weltumspannend" oder „weltweit" bedeutet. Er beschreibt den Prozess einer zunehmenden internationalen Verflechtung von Gesellschaft, Wirtschaft, Politik, Kultur, Umwelt, Wissenschaft und Kommunikation. Die Zunahme und Intensivierung der globalen Beziehungen findet auf den unterschiedlichsten Ebenen statt: zwischen Menschen, Unternehmen, zivilgesellschaftlichen Organisationen oder Bewegungen, Institutionen und Staaten. Dabei hat die Globalisierung sowohl positive als auch - immer häufiger - negative Auswirkungen. Sie bedarf, wenn sie nicht auf Kosten von Mensch und Natur gehen soll, politischer Gestaltung.

„Eine andere Welt ist möglich!", lautet das Leitbild des globalisierungskritischen Netzwerks Attac e. V. Die – positiven wie negativen – Entwicklungen sind das Resultat menschlicher (politischer, gesellschaftlicher und individueller) Entscheidungen und Handlungen: Wie wirtschaften wir? Welche Rolle spielen Menschenrechte und Umweltschutz in Politik und Wirtschaft? Wie legen wir den Schulweg zurück und welches Papier nutzen wir für unsere Kopien? Wie stehen wir Menschen gegenüber, die aus anderen Ländern zu uns kommen? Wie viel Kleidung brauche ich und woher bekomme ich sie? Wo oder wie setze ich mich für meine Ideale oder Werte ein? Um Globalisierung gerecht zu gestalten, ist es umso wichtiger, sich mit ihr beschäftigen und die Gestaltungsmöglichkeiten zu entdecken und zu nutzen.

Schule als Lern- und Handlungsort

Für junge Menschen stellt die Schule ein wichtiges Handlungsfeld dar. Hier verbringen sie einen großen Teil ihrer Zeit und entwickeln Wissen und Kompetenzen. Im besten Fall stellt die Schule (Frei-)Räume zur Verfügung, in denen Schüler*innen nicht nur Informationen erhalten, sondern sich selbst Wissen erschließen können. Räume, in denen sie angeregt werden, Visionen einer anderen Welt zu entwickeln und diese umzusetzen - oder es zumindest auszuprobieren. Räume, in denen Dinge hinterfragt werden können und in denen demokratische Mitbestimmung und eine nachhaltige, gerechte Lebens- und Arbeitsweise praktisch erfahrbar sind. - Schülerfirmen können ein solcher Entfaltungsraum sein.

Globale Herausforderungen – globaler Wandel

Dr. Klaus Seitz (Brot für die Welt - Evangelischer Entwicklungsdienst) leitet einen Artikel zum Thema „Transformation als Bildungsaufgabe" mit den Worten ein: „Unser aller Zukunft hängt davon ab, ob es in den nächsten Jahren gelingt, eine sozial-ökologische Wende herbeizuführen und die Welt auf den Pfad einer nachhaltigen Entwicklung zu führen." Wo steht die Welt gegenwärtig und wie gelingt es uns, die erforderliche sozial-ökologische Wende – oder anders gesagt, eine „Große Transformation" (siehe „Stichwort" S.15) einzuläuten?

Ein paar Fakten zur Lage der Welt

Armut:
Dem vom UNDP (United Nations Development Program) herausgegebenen „Bericht über die menschliche Entwicklung 2014" zufolge, leben fast 1,5 Milliarden Menschen in sogenannter „mehrdimensionaler Armut". Das heißt, es fehlt ihnen an Gesundheitsversorgung, Bildung und einem menschenwürdigen Lebensstandard. Von diesen müssen wiederum 1,2 Milliarden pro Tag mit 1,25 Dollar (umgerechnet 0,93 Euro) oder weniger auskommen.[2]

Reichtum:
Zugleich werden die Reichen immer reicher: Laut Oxfam besitzen die 62 reichsten Menschen der Erde genauso viel wie die ärmere Hälfte der Weltbevölkerung zusammen – das sind rund 3,6 Milliarden Menschen. Ein Hundertstel der Weltbevölkerung besitzt fast die Hälfte des Weltvermögens. Während im Jahr 2009 noch 44 % des Wohlstands 1 % der Weltbevölkerung gehörten, lag dieser Anteil 2015 bereits bei 48 %.[3]

Flüchtlinge:
Die Anzahl der Menschen, die vor Krieg, Konflikten und Verfolgung, vor Armut und Perspektivlosigkeit, vor dem Klimawandel oder Umweltkatastrophen fliehen, war noch nie so hoch wie heute. Ende 2015 waren 65,3 Millionen Menschen weltweit auf der Flucht - die meisten von ihnen innerhalb ihrer Heimatländer oder in benachbarten Regionen. Im Vergleich dazu waren es ein Jahr zuvor 59,5 Millionen Menschen, vor zehn Jahren 37,5 Millionen. Dabei sind die Flüchtlinge global sehr ungleich verteilt. Reichere Länder nehmen laut UN-Flüchtlingshilfe weit weniger Flüchtlinge auf als ärmere Länder. Knapp neun von zehn Flüchtlingen (86 %) befanden sich 2015 in Ländern, die als wirtschaftlich weniger entwickelt gelten.[4]

Klimawandel:
In den 30 Jahren zwischen 1983 und 2012 wurden in der nördlichen Hemisphäre im Schnitt die höchsten Temperaturen seit 1.400 Jahren gemessen. Die mittlere globale Oberflächentemperatur hat sich seit Ende des 19. Jahrhunderts um knapp 0,9°C erhöht, und das arktische Meereis zieht sich weiterhin drastisch zurück. Zugleich ist seit 1850 die CO_2-Menge in der Atmosphäre um ca. 40 % gestiegen. Expert*innen befürchten unumkehrbare Beeinträchtigungen des Klimasystems, sollten die Temperaturen um mehr als zwei Grad Celsius ansteigen. Nach Berechnungen des Weltklimarates müsste der Ausstoß an Treibhausgasen dafür deutlich gesenkt werden - bis zum Jahr 2050 auf unter 2 Tonnen CO_2 pro Kopf. Im Jahr 2013 kamen auf jeden Deutschen ca. 10,2 Tonnen.[5]

Ressourcenverbrauch/Ökologischer Fußabdruck:
Schon am 29. April hatte die deutsche Bevölkerung im Jahr 2016 rechnerisch die gesamte Menge an natürlichen Ressourcen verbraucht, die ihr an Biokapazität in diesem Jahr zustand - der sogenannte „Erdübernutzungstag" (Earth Overshoot Day) war erreicht. Dieser Tag kommt jedes Jahr zu einem früheren Zeitpunkt. Wenn alle Menschen weltweit so leben und wirtschaften würden wie die Deutschen, wären 3,1 Planeten notwendig, um den Bedarf an Ressourcen zu decken. Damit liegt Deutschland mit seinem ökologischen Fußabdruck im weltweiten Vergleich im obersten Viertel aller Länder.[6]

Die Fakten sprechen eine klare Sprache: Unsere gegenwärtige, globalisierte Wirtschafts- und Lebensweise ist weder nachhaltig noch global gerecht. Im Gegenteil: Sie geht auf Kosten von Natur und Umwelt, der Menschen im globalen Süden sowie zukünftiger Generationen. Dabei wird das Zeitfenster für den erforderlichen grundlegenden Wandel immer enger, wenn wir Schlimmeres, z. B. gefährliche Klimaveränderungen, verhindern wollen. Dies gelingt aber nur, wenn eine "Große Transformation" von allen getragen wird.

Neue Agenda für nachhaltige Entwicklung: die Sustainable Development Goals (SDGs)

Vor diesem Hintergrund verabschiedeten die Vereinten Nationen am 25. September 2015 in New York die „2030-Agenda für nachhaltige Entwicklung". Sie bildet nunmehr das zentrale Rahmenwerk für die internationale Zusammenarbeit der nächsten 15 Jahre. Im Kern soll sie (anders als ihre Vorläufer, die so genannten Millenniums-Entwicklungsziele) Armutsüberwindung mit dem Schutz der Umwelt verknüpfen. Außerdem gelten die 17 neuen Ziele (die sogenannten Sustainable Development Goals, SDGs) für alle Länder. Unser Lebensstil und unsere Wirtschaftsweise sollen künftig so gestaltet werden, dass alle Menschen in Sicherheit und Würde leben können, und das innerhalb der planetarischen Grenzen. Besonders der letzte Punkt ist derzeit primär eine Aufgabe für Industrie- und Schwellenländer und fordert auch diese zu einer Neuorientierung auf. Die Frage, was eigentlich als „Entwicklung" verstanden werden kann, wird somit neu gestellt. So betrifft besonders der Schutz globaler Umweltgüter alle Länder, aber auch speziell Deutschland, ebenso wie die Veränderung hin zu nachhaltigen Konsum- und Produktionsmustern. Auch das Ziel, Ungerechtigkeit innerhalb und zwischen Ländern zu reduzieren, erfordert beispielsweise einen Beitrag der deutschen Politik.[7]

Stichwort: „Große Transformation"

Der Wissenschaftliche Beirat der Bundesregierung Globale Umweltveränderungen (WBGU) forderte bereits 2011 in einem Gutachten eine „Große Transformation". Dabei geht es laut WBGU „um einen neuen Weltgesellschaftsvertrag für eine klimaverträgliche und nachhaltige Weltwirtschaftsordnung. Dessen zentrale Idee ist, dass Individuen und die Zivilgesellschaften, die Staaten und die Staatengemeinschaft sowie die Wirtschaft und die Wissenschaft kollektive Verantwortung für die Vermeidung gefährlichen Klimawandels und für die Abwendung anderer Gefährdungen der Menschheit als Teil des Erdsystems übernehmen. Der Gesellschaftsvertrag kombiniert eine Kultur der Achtsamkeit (aus ökologischer Verantwortung) mit einer Kultur der Teilhabe (als demokratische Verantwortung) sowie mit einer Kultur der Verpflichtung gegenüber zukünftigen Generationen (Zukunftsverantwortung)" (WBGU, 2011: 2).

Für den erforderlichen umfassenden sozial-ökologischen Wandel brauchen wir neue Ideen. Das WBGU spricht von der Notwendigkeit eines gesellschaftlichen Suchprozesses, der Denkfreiheit jenseits des bereits Bekannten, kreatives Potenzial und umfassende (demokratische) Beteiligung erfordert. Bildung, verstanden als transformative Bildung, muss vor diesem Hintergrund alte Vorstellungen von „Entwicklung" und Wachstum, von Wohlstand und „gutem Leben" in Frage stellen. Zugleich kann und sollte sie Menschen bei der Suche nach neuen Lösungen unterstützen. Globales Lernen kann dafür inhaltliche wie methodisch-didaktische Anregungen geben.

---

[1] Leitartikel im Rundbrief Bildungsauftrag Nord-Süd Nr. 78, März 2014, hrsg. von der Informationsstelle Bildungsauftrag Nord-Süd, **www.wusgermany.de/de/globales-lernen/informationsstelle-bildungsauftrag-nord-sued**.

[2] Deutsche Gesellschaft für die Vereinten Nationen, **www.dgvn.de/index.php?id=1922**.

[3] Oxfam, **www.oxfam.de/unsere-arbeit/themen/soziale-ungleichheit**.

[4] UNHCR: Global Trends. Forced Displacement in 2015, **www.uno-fluechtlingshilfe.de/fluechtlinge/zahlen-fakten.html**.

[5] Greenpeace, 2013, **www.greenpeace.de/themen/klimawandel**; Wissenschaftlicher Beirat der Bundesregierung Globale Umweltveränderung, 2014, **www.wbgu.de/sondergutachten/sg-2014-klimaschutz/**.

[6] **www.footprintnetwork.org/**; **www.germanwatch.org/de/12164**.

[7] Mehr zu den SDGs: **www.ven-nds.de/projekte/weltwunder/2030-agenda-und-sdgs**.

[8] Vgl. hierzu: Kein Wandel ohne Bildung. Positionspapier der Eine Welt-Landesnetzwerke zum Globalen Lernen. agl-Dokumente (Positionen, Berichte und Materialien der Eine Welt-Arbeit) Nr. 5, Oktober 2014. – UNESCO 2014: Global Citizenship Education. Preparing learners for the challenges of the 21st century, **http://agl-einewelt.de/index.php/publikationen/reihe-agl-dokumente**.

Globales Lernen

„Würdest du mir sagen, welchen Weg ich von hier einschlagen soll?", fragte Alice.

„Das hängt vor allem davon ab, wo du hinkommen willst", sagte die Katze.

„Das ist mir ziemlich gleich", sagte Alice.

„Dann spielt es keine Rolle, welchen Weg du einschlägst", sagte die Katze.

(Lewis Carroll: Alices Abenteuer im Wunderland, in einer Übersetzung von Jörg Karrau, 2008)

Globales Lernen hat alle Aspekte einer nachhaltigen Entwicklung (Gesellschaft, Politik, Umwelt und Wirtschaft) im Blick, rückt dabei aber insbesondere die globalen Zusammenhänge und die Frage nach Gerechtigkeit in den Mittelpunkt.

Entsprechend arbeiten Akteur*innen Globalen Lernens auf Basis einer klaren Werteorientierung mit dem Ziel weltweiter Zukunftsfähigkeit, sozialer Gerechtigkeit, Gleichberechtigung und der Durchsetzung der Menschenrechte. In diesem Zusammenhang hat neben der Auseinandersetzung mit unserem Verständnis von „Entwicklung" und „gutem Leben" diejenige mit Rassismus und globalen Machtgefällen einen besonderen Stellenwert.

Globales Lernen ist ein ebenso politisches wie pädagogisches Konzept. Es versteht die Menschen als Teil der Weltgesellschaft und möchte sie dabei unterstützen, sich die Welt in all ihrer Vielfalt wie Widersprüchlichkeit zu erschließen und als aktive Weltbürger*innen mitzugestalten.[8]

Orientierungsrahmen für den Lernbereich Globale Entwicklung

Zur Einbettung Globalen Lernens in die Schule wurde der „Orientierungsrahmen für den Lernbereich Globale Entwicklung" (OR) 2007 von der Kultusministerkonferenz (KMK) gemeinsam mit dem Bundesministerium für wirtschaftliche Zusammenarbeit und Entwicklung vorgelegt und 2016 aktualisiert und erweitert (Engagement Global, 2016)

Kompetenzorientierung

Im Mittelpunkt des Globalen Lernens steht der Erwerb jener Fähigkeiten und Fertigkeiten (sogenannter Schlüsselkompetenzen), die aktive Weltbürger*innen benötigen. Dabei wird davon ausgegangen, dass jeder Mensch ein Interesse hat, die Welt mitzugestalten und dazu auch in der Lage ist.

(1) Kompetenz des Erkennens:
Angesichts der großen Komplexität globaler Zusammenhänge ist es notwendig, sich in der globalisierten Welt orientieren zu können und sich mit der vorhandenen Heterogenität und Widersprüchlichkeit auseinanderzusetzen. Globales Lernen vermittelt das dafür notwendige Wissen und schärft das Bewusstsein für globale Fragestellungen und Zusammenhänge.

(2) Bewertungskompetenz:
Globales Lernen befähigt und ermutigt die Lernenden, die Welt, wie sie ist oder dargestellt wird, zu hinterfragen, die eigenen und andere Perspektiven und Rollen in der Welt wahrzunehmen und zu reflektieren. Ferner unterstützt es die Lernenden dabei, eigene Positionen bzw. Haltung(en) zu entwickeln und diese auch zu vertreten.

(3) Handlungskompetenz:
Globales Lernen versteht sich dabei als transformative, verändernde Bildung: Es will dazu beitragen, dass das Leben auf der Erde gerechter und nachhaltiger wird. In diesem Sinne fördert es die Übernahme solidarischer Mitverantwortung und die Entwicklung positiver Gesellschaftsentwürfe und Visionen. Es befähigt und ermächtigt Menschen, eigene Handlungsmöglichkeiten und alternative Lebensentwürfe zu entwickeln und zu gestalten (Engagement Global, 2016).

Schlüsselprinzipien

Globales Lernen setzt – auch wenn es scheinbar den Blick vor allem in den sogenannten Globalen Süden lenkt – vor Ort, in der eigenen Kommune, im Verein oder der Schule an. Ein wichtiges Prinzip des Globalen Lernens ist die Lebensweltorientierung. Das heißt beispielsweise, dass der Faire Handel nicht abstrakt zum Thema gemacht wird, sondern da angesetzt wird, wo Fairer Handel einen Bezug zum Leben der Schüler*innen hat.

Entsprechend der Teilnehmendenorientierung werden das bereits vorhandene Wissen der Schüler*innen, ihre Kompetenzen sowie ihr spezifischer Hintergrund einbezogen. So gewinnt das Thema Fairer Handel an Bedeutung und wird spannender, wenn es mit der Situation der lokalen Landwirtschaft verbunden wird. Nicht nur, wenn Eltern selbst in der Landwirtschaft tätig sind.

Grundsätzlich ist Globales Lernen vor allem auch ein Lernen über sich selbst, es regt zur Selbstreflexion an. Im Zentrum steht die eigene Rolle innerhalb globaler Zusammenhänge, eine Frage lautet z. B., wie ich über den Kauf einer Tafel Schokolade in die Weltwirtschaft einbezogen bin. Eine wichtige Grundlage bildet dabei die Fähigkeit und Bereitschaft, sich in andere Menschen hineinzuversetzen und die eigene Perspektive als nur eine mögliche Wahrnehmung einzuordnen. So ist mein Blick auf den globalen Kaffeepreis als Konsument*in, z. B. als Kaffeetrinker*in, ein anderer als der Blick oder die Einschätzung einer Mitarbeiter*in in einem Kaffee produzierenden Betrieb in Nicaragua.

Globales Lernen unterstützt dabei, sich selbst als Teil der Welt zu begreifen und sich in dieser empathisch und solidarisch – im Sinne der Menschenrechte – zu verhalten. Zugleich fördert es eine positive Wahrnehmung der Vielfalt gleichberechtigter Menschen und Perspektiven. Dafür können z. B. Begegnungen mit Kaffeebäuer*innen hilfreich sein, aber auch Planspiele, in denen man die Rolle einer Textilarbeiterin oder eines Textilherstellers schlüpft.

Dabei treffen wir häufig auf stereotype Bilder, z. B. der afrikanischen Länder oder der „armen" Kakaobäuer*innen, aber auch der eigenen Rolle in der Welt. Irritation und Perspektivwechsel dienen dann dazu, z. B. eurozentrische oder rassistische Einstellungen und Prägungen sowie strukturelle Machtgefälle zu hinterfragen.

Globaler Norden – Globaler Süden

Statt von „Entwicklungsländern" oder auch der „Dritten Welt" wird im Globalen Lernen häufig vom Globalen Norden und Globalen Süden gesprochen. „Entwicklung" und „Entwicklungsland" wird im Zusammenhang mit dem Blick auf die Welt oft so gebraucht, als gebe es „entwickelte" (und das heißt allzu oft „moderne", „zivilisierte", „bessere") und „unterentwickelte" (oft assoziiert mit „traditionell geprägte", „unzivilisierte", „schlechtere") Länder. Länder und auch Menschen werden so hierarchisiert, statt Unterschiede wertzuschätzen. Zugleich legt der Begriff nahe, dass sich alle Länder nach dem Leitbild der wirtschaftlich reicheren Länder entwickeln müssten. Dabei wird suggeriert, dass es nur diesen einen, vermeintlich erfolgreichen Entwicklungspfad gebe.

Globaler Süden meint Länder und Regionen, die von Kolonialismus und Ausbeutung benachteiligt wurden und werden. Als Globaler Norden werden dagegen Regionen und Länder bezeichnet, die davon (bis heute) profitieren. Norden und Süden sind dabei nicht unbedingt geografisch, sondern politisch gemeint. Zum Beispiel zählt Australien zum Globalen Norden, während Usbekistan zum Globalen Süden gerechnet wird. So wird versucht, eher eine (De)Privilegierung innerhalb globaler Machtstrukturen zu beschreiben, als die westliche Bewertung verschiedener Länder zum Ausgangspunkt der Benennung zu machen.

Nach dem Prinzip der Mehrperspektivität bezieht Globales Lernen unterschiedliche Sichtweisen ein – explizit die (häufig marginalisierten) Perspektiven von Menschen in Ländern des Globalen Südens. In diesem Zusammenhang ist es wichtig, vorhandenes, z. B. auch schulisches Material immer wieder zu überprüfen, zu überarbeiten und zu ergänzen, um einseitige, vielleicht auch eurozentrische oder sogar rassistische Bilder oder Texte zu vermeiden.

Comic: VEN e..V. (2016): "Voll konkret! Methoden zum Globalen Lernen", erstellt von 123comics

Ein kleiner Selbsttest

Woran denken Sie spontan, wenn Sie an Afrika denken? Woran, wenn Sie an Europa oder Deutschland denken? Wenn Sie schon einmal in einem Land des Globalen Südens gearbeitet haben: Was erzählen Sie über „Ihr" Gastland und Ihre Tätigkeit im Globalen Süden?

Wir alle tragen Bilder über uns selbst, das Land, in dem wir leben, andere Länder und Menschen mit uns herum. Diese speisen sich aus unseren Erfahrungen, dem, was wir in der Schule oder im Austausch mit anderen Menschen, auf Reisen oder z. B. in Auslandseinsätzen gelernt haben. Aber ist das, was wir erfahren oder gelernt haben, tatsächlich „Realität" und „wahr"?

Die nigerianische Autorin Chimamanda Ngozi Adichie macht in ihrem Vortrag „The danger of a single story"[9] darauf aufmerksam, dass wir Geschichten oft subjektiv oder auch einseitig erzählen, was Vorurteile hervorbringen oder verstärken kann. Jede Situation beinhaltet jedoch – je nachdem, aus welcher Perspektive sie betrachtet und erzählt wird – viele unterschiedliche Perspektiven und ist entsprechend vielschichtig. Lehrkräfte, Multiplikator*innen und Pädagog*innen haben hier eine besondere Verantwortung bei der Vermittlung von Geschichten oder Informationen:

„Start the story with the failure of African states, and not with the colonial creation of the African states, and you have an entirely different story." (Chimamanda Ngozi Adichie)

Lernen findet im Globalen Lernen ganzheitlich, d. h. mit allen Sinnen statt, es ist partizipativ, interaktiv und handlungsorientiert. Weil das eigene Tun am besten nachhaltige Lernprozesse auslösen kann, lädt Globales Lernen zum Ausprobieren und Entdecken der eigenen Fähigkeiten ein. Dazu gehört insbesondere, Ideen zur Veränderung von Missständen zu entwickeln und umzusetzen. Handlungsorientierung beginnt mit der Artikulation von (möglicherweise als utopisch empfundenen) Ideen und Lösungsansätzen, geht über die Information über den (un-)fairen Handel und den Verkauf fair gehandelter Produkte bis hin zur Organisation einer politischen Diskussion mit lokalen Einzelhändler*innen oder zur Teilnahme an einem Flashmob zu einem ungerechten Handelsabkommen. Es gibt viele Möglichkeiten, zu einer anderen Welt beizutragen!

Die Rolle der Lehrenden

„Lehrende" sind im Globalen Lernen immer auch zugleich Lernende. Sie bringen ihr eigenes Wissen und ihre (authentischen) Erfahrungen ein. Insbesondere initiieren und begleiten sie aber als Moderator*innen oder Prozessgestalter*innen ganzheitliche Lernprozesse und ermöglichen die Teilhabe aller an diesen Prozessen. Dabei ist Globales Lernen nicht wertneutral, sondern den oben skizzierten Zielen verpflichtet. Lehrende oder Referent*innen sollten ihre Position zum Thema verdeutlichen, also transparent sein. Zugleich ist es aber wichtig, den Lernenden die freie Äußerung ihrer Einstellungen und Meinungen zu ermöglichen, solange diese nicht gegen die Menschenwürde oder andere demokratische Prinzipien verstoßen (vgl. EPIZ, 2015).

Zusammengefasst möchte Globales Lernen folgende Kernkompetenzen fördern:

ERKENNEN von …	BEWERTEN durch …	HANDELN durch
Vielfalt	kritische (Selbst-) Reflexion	Solidarität und Mitverantwortung
Hintergründen und Zusammenhängen globaler Herausforderungen und Prozesse	Perspektivwechsel und Empathie	Verständigung und Konfliktlösungen
ökonomischen, sozialen und ökologischen Handlungsmöglichkeiten	Kenntnis unterschiedlicher Interessen, Rahmenbedingungen und Ansätze zur Beurteilung von „Entwicklung" und Entwicklungsmaßnahmen	Handlungsfähigkeit im globalen Wandel über Offenheit, Umgang mit Unsicherheit und Reduktion von Komplexität erhalten
		Partizipation und Mitgestaltung
Analyse des globalen Wandels		

Zum Wandel beitragen durch nachhaltige, faire Schülerfirmen

Der Faire Handel ist ein wichtiges Thema im Globalen Lernen. Er dient als anschaulicher Lernstoff, an dem sich viele Themen der Globalisierung exemplarisch aufbereiten lassen.

Wissensnetz zum Thema Fairer Handel – Beispiel Kakao

Löhne / Arbeitsbedingungen
Kinderarbeit, Gesundheit, Sicherheit

Welthandel
Preisbildung, Machtverteilung

Herkunftsland
z.B. Ghana, Bolivien, Elfenbeinküste; politische, soziale, wirtschaftliche Situation

Fairer Handel
Zertifizierung, Kontrolle, Kritik

Umweltauswirkungen
Pestizide, Ökologischer Fußabdruck, Biologischer Anbau

Anbau
Gebiete; klimatische Bedingungen

Kakao

Gerechtigkeit
Menschenrechte, Rechte der Natur

Angebot / Konsum
Einzelhandel, Länder

Kolonialprodukt
Produktions- und Konsumländer, Wertschöpfung

Geschichte der Schokolade
Kolonialhandel; Luxusgut

Veredelung
Röstung; Länder

Produktion
Ernte, Waschen

Darstellung nach EPIZ, 2015: 32, dort für Handys. Mit hilfreichen Schlüsselfragen zur didaktischen Reduktion des Themas.

Der Faire Handel ermöglicht es also, aus der Schule heraus zu einem handlungsorientierten Verständnis, zu einer Erfahrung globaler Zusammenhänge zu gelangen. Dabei können gegebenenfalls sogar reale Verbindungen in den globalen Süden geknüpft werden (z. B. zu Kakao-Kooperativen in Ghana). Aber auch die eigene Stadt oder Kommune bietet vielfältige Anknüpfungspunkte, z. B. Weltläden, Supermärkte oder die Gemeindeverwaltung. Immer mehr Städte und Gemeinden lassen sich als sogenannte „Fair Trade Towns" auszeichnen. Der diesen Initiativen zugrunde liegende Trägerkreis verbindet viele lokale, für den Fairen Handel engagierte Akteur*innen.[10] Der eigene Lebens- und Lernort (Schule, Freizeitorte), das eigene Leben (als Schokoladengenießer*in) verbindet sich so mit der Welt. Gerade Weltläden dienen häufig nicht nur als außerschulische Lernorte, sondern sind Orte des Engagements. Fragen Sie doch einmal nach, ob Sie mit Ihrer Klasse den Weltladen in Ihrer Stadt oder Ihrer Kommune besuchen können. Vielleicht finden Sie dort Mitstreiter*innen für Ihre Aktivitäten.

[9] www.ted.com/talks, 2009.
[10] Siehe hierzu www.fairtrade-towns.de.

Herausforderungen, Grenzen und Chancen des Themas

Ein wichtiges Thema auch beim Fairen Handel ist der Umgang mit einseitigen, auf Stereotypen beruhenden (oder zu ihnen führenden) Bildern und Einstellungen. Obwohl es ausdrücklich um faire Preise und die Umsetzung der Menschenrechte geht, entsteht immer wieder das Bild von uns als „Helfenden" oder Wohltäter*innen, während die Produzent*innen als „hilflos", auf „uns" angewiesen wahrgenommen werden. Dieses Bild wird durch verwendetes (oder nicht verwendetes) Bildmaterial häufig verstärkt. Selten wird der Blick auf internationale Konzerne gerichtet, die Menschenrechte verletzen, oder auf Plantagenarbeiter*innen, die für ihre Rechte streiten. Stattdessen sehen wir zumeist ausgebeutete (oder im Fairen Handel glückliche) Menschen bei landwirtschaftlichen Tätigkeiten, z. B. der Kakaobohnenernte.

Wichtig ist bei allem Enthusiasmus, die eigene Rolle und die eigenen Handlungsmöglichkeiten differenziert zu betrachten – ohne dabei zu demotivieren oder gar Schuldgefühle zu produzieren. Denn gerade Kinder und Jugendliche haben einen ausgeprägten Gerechtigkeitssinn und wollen ihren Beitrag zu einer gerechteren Welt leisten. Und genau das brauchen wir für globale Veränderungen! Der Faire Handel zeigt, dass anderes Handeln möglich ist und eröffnet jedem und jeder Einzelnen eine Möglichkeit, durch bewussten Konsum „im Kleinen" zu beginnen.

Zudem macht Fairer Handel einen Unterschied für diejenigen, die von ihm profitieren. Die tatsächlichen Ursachen der Situation der Landwirt*innen im Globalen Süden werden dadurch jedoch nicht beseitigt. Um den globalen Macht-Ungleichgewichten entgegenzuwirken, die sich u.a. in den unfairen Strukturen des Welthandels und wirtschaftlicher Benachteiligung der Kleinbäuer*innen (nicht nur) im globalen Süden äußern, müssen diese ebenfalls verstanden und hinterfragt werden. Deshalb gehören das Welthandelssystem, Kolonialismus und auch die Frage, was eigentlich Fairness oder Gerechtigkeit bedeuten, unbedingt mit in den „Lehrplan".

Handlungskompetenz im oben erläuterten Sinne kann und sollte hier auch bedeuten, die komplexeren Aspekte zu reflektieren und zu benennen. Und sie kann und sollte sich in Aktivitäten der Schüler*innen über den Verkauf fair gehandelter Waren hinaus äußern. Warum nicht auch wirtschaftspolitische Diskussionen mit Kommunalpolitiker*innen veranstalten, bei Süßwarenhersteller*innen nachhaken oder ein Straßentheaterstück aufführen, um Passant*innen über den Welthandel zu informieren? Setzen Sie der Kreativität Ihrer Schüler*innen keine Grenzen!

Weiterführende Literatur

Engagement Global (Hrsg.) (2016): Orientierungsrahmen für den Lernbereich Globale Entwicklung. Hrsg. von KMK und Bundesministerium für wirtschaftliche Zusammenarbeit und Entwicklung. 2. Auflage, Bonn. Online verfügbar:
www.globaleslernen.de/de/orientierungsrahmen-globale-entwicklung-or

EPIZ Zentrum für Globales Lernen in Berlin (2015): Globales Lernen. Handbuch für Referent*innen. Konzeption, Durchführung und Auswertung von Veranstaltungen des Globalen Lernens. Berlin. Online verfügbar:
www.epiz-berlin.de/wp-content/uploads/EPZ_Handbuch2016_W.pdf

WBGU Wissenschaftlicher Beirat der Bundesregierung Globale Umweltveränderungen (2011):
Welt im Wandel – Gesellschaftsvertrag für eine Große Transformation. Hauptgutachten. Berlin. Online verfügbar:
www.wbgu.de/hauptgutachten/hg-2011-transformation/

www.epiz.de: Das Entwicklungspädagogische Informationszentrum EPiZ in Reutlingen ist ein Haus des Globalen Lernens, das regional, überregional, bundesweit und international tätig ist.

www.epiz-berlin.de: Das EPIZ Berlin bietet einen großen Pool an Referent*innen und eine umfangreiche Sammlung von didaktischen Materialien des Globalen Lernens an.

www.handelsblattmachtschule.de/angebote/unterrichtseinheiten/globalisierung.html:
Unterrichtseinheiten zur Globalisierung von „Handelsblatt macht Schule".

www.globaleslernen.de: Zentrales Portal zum Globalen Lernen und zur Bildung für nachhaltige Entwicklung (BNE) mit Hintergrundinformationen, Bildungsmaterial und Veranstaltungshinweisen.

www.bne-sachsen.de/materialien: Online-Bibliothek mit Unterrichtsmaterialien.

Unterrichtstipps für Lehrkräfte

Für einen Einstieg in die Zusammenhänge der Globalisierung ist das „Weltspiel" gerade auch für Schulklassen und größere Gruppen sehr geeignet.

Das Weltspiel

Das Weltspiel ist eine interaktive Methode, bei der die Teilnehmenden Zusammenhänge zwischen Bevölkerungsgröße und Bruttoinlandsprodukt und gegebenenfalls CO_2-Ausstoß und Flüchtlingsbewegungen erkennen. In bis zu fünf Spielphasen wird bildlich deutlich, welche Ungleichheiten weltweit bestehen und inwieweit Medien unsere Denkmuster prägen. Das Spiel regt zur Diskussion über globale Zusammenhänge an.

Von der Kakaopflanze zur Tafel Schokolade

Die Teilnehmenden erhalten Kärtchen mit Aussagen von Kindern und Erwachsenen, die in Anbau, Produktion oder Handel von Kakao/Schokolade tätig sind. Durch das Finden der richtigen Reihenfolge und Vorlesen der Kärtchen erschließt sich den Beteiligten die Verarbeitungskette des Kakaos. Die Übung kann als Einstieg für eine Diskussion über globalisierte Produktions- und Handelswege dienen.

Das Weltspiel kann mit Personen (Verteilung der Personen im Raum) oder bei sehr großen Gruppen mit Symbolen gespielt werden.

Hinweis:
Die dargestellten Spiele und viele weitere Methoden sind unter anderem in der Handreichung „Voll Konkret! Methoden zum Globalen Lernen" der VEN-Fachstelle Globales Lernen dargestellt. Das Heft steht online zur Verfügung:

www.ven-nds.de/images/ven/projekte/globales_lernen/voll%20konkret.pdf

Planspiel Globaler Agrarhandel

Das Planspiel veranschaulicht die Grundzüge, Zusammenhänge und Probleme des globalen Agrarhandels. Dabei schlüpfen die Teilnehmenden selbst in die Rolle von Bauern und Bäuerinnen, Agrarkonzernen oder Supermarktketten und erleben den Agrarhandel aus dieser Perspektive. Produktion und Handel von Agrarprodukten und die Mechanismen des Weltmarkts werden dabei (vereinfacht) simuliert. Dabei wird deutlich, welche Akteur*innen von diesen Strukturen profitieren und welche benachteiligt werden.

Die Anleitung zum Planspiel finden Sie bei JANUN Göttingen unter:

www.janun-goettingen.de/projekte/projekttag-tischlein-deck-dich-planspiel-zum-globalen-agrarhandel/

3. Voll global! Unsere Schülerfirma handelt fair

Wissenswertes für Lehrkräfte

4. Was bedeutet Fairer Handel?

Stefanie Diekmann, SCHUBZ Umweltbildungszentrum Lüneburg e. V.

Globalisierung bedeutet eine Vernetzung der Welt – die Chancen und Herausforderungen werden kontrovers diskutiert. Neben dem weltweiten Austausch von Gütern, Kapital und Dienstleistungen, dem Abbau von Handelsbeschränkungen und der Eröffnung neuer Märkte bedeutet Globalisierung auch weltweite Mobilität, weltweite Kommunikation und weltweiten Kulturaustausch. Vor allem die Vernetzung des Welthandels birgt das Risiko von ungerechten Handelsbeziehungen und Ausbeutung. Hier kann der Faire Handel ein alternatives Wirtschaftsmodell darstellen.

Der Gedanke des Fairen Handels hat sich Mitte des letzten Jahrhunderts zunächst in Nordamerika im kirchlichen Umfeld entwickelt. Nach Deutschland kam die Bewegung in den 1960er-Jahren. Inzwischen ist aus der einstigen Solidaritäts-Initiative des Fairen Handels eine weltumspannende Bewegung geworden.

2009 definierten die World Fair Trade Organization (WFTO) und Fairtrade International (FLO) den Fairen Handel folgendermaßen: „Fairer Handel ist eine Handelspartnerschaft, die auf Dialog, Transparenz und Respekt beruht und nach mehr Gerechtigkeit im internationalen Handel strebt. Durch bessere Handelsbedingungen und die Sicherung sozialer Rechte für benachteiligte Produzent*innen und Arbeiter*innen – insbesondere in den Ländern des Südens – leistet der Faire Handel einen Beitrag zu nachhaltiger Entwicklung. Fair-Handelsorganisationen engagieren sich – gemeinsam mit Verbraucher*innen – für die Unterstützung der Produzent*innen, die Bewusstseinsbildung und die Kampagnenarbeit zur Veränderung der Regeln und der Praxis des konventionellen Welthandels" (vgl. Hahn/Herrmann, 2012). Fairer Handel beruht darauf, dass den Bäuer*innen und Arbeiter*innen aus den Ländern des Südens für ihre Produkte ein fester Mindestpreis bezahlt wird, der die Preisschwankungen des Weltmarktes ausgleicht und sie vor Ausbeutung bewahrt. Außerdem soll auf umweltverträgliche Produktion geachtet werden; die dort arbeitenden Menschen sollen nicht mit giftigen Substanzen oder gesundheitsschädlichen Arbeitsprozessen in Berührung kommen, die Umwelt soll nicht damit belastet werden.

Zum Erreichen dieser Fair Trade Ziele schließen sich Kleinbäuer*innen und Kleinproduzent*innen zu demokratisch organisierten Organisationen, z. B. Kooperativen, zusammen, um die gemeinsamen Interessen auf dem Markt besser vertreten zu können. Dabei profitieren sie von gemeinsamen Anschaffungen, beispielsweise von Maschinen oder anderen Hilfsmitteln. Sie bekommen die Möglichkeit zum Erfahrungsaustausch und zur Fortbildung. So können sie es eigenverantwortlich schaffen, ihre Produktivität zu erhöhen. Alle Beteiligten, ob Kleinbäuerinnen, Bauern, Arbeiterinnen oder Arbeiter auf den Plantagen, können durch demokratische Interessenvertretung ihre Lebens- und Arbeitssituation dauerhaft verbessern. Sie lernen ihre Rechte zu vertreten. Neben den garantierten Mindestpreisen erhält die Kooperative im Fairen Handel einen Preis-Aufschlag (Fair Trade Prämie), der für Gemeinschaftsprojekte verwendet wird. Dieses Geld kann z. B. für den Ausbau von Infrastruktur oder Bildung genutzt werden und bedeutet somit eine Investition in zukünftige Unterstützungsstrukturen.

Oft wird argumentiert, ein zukunftsfähiger Welthandel solle so gestaltet werden, dass die Wirtschaft in Ländern vor allem des Globalen Südens vor „unfairer" Konkurrenz aus dem Ausland geschützt werde, gegen die lokale Hersteller nicht konkurrieren könnten; das solle ein Wachstum in den Ländern ermöglichen (Evangelischer Entwicklungsdienst/Brot für die Welt, 2009). Die Tendenz im Welthandel, Produktionen in sogenannte Billiglohnländer auszulagern, führt dazu, dass diese verstärkt die Risiken von Umweltverschmutzung tragen. Zudem sind kleinbäuerliche Betriebe im Globalen Süden von den Folgen des Klimawandels betroffen, obwohl sie an seiner Entstehung nicht unmittelbar beteiligt sind. Flächen in einer Größe von 12 Millionen Hektar werden jedes Jahr als Ackerland unbrauchbar, da sie von Dürre und in der Folge von Wüstenbildung betroffen sind.

Fairer Handel allein kann nicht den Welthandel umstrukturieren, er leistet aber einen wichtigen Beitrag, die Lebensbedingungen der Menschen in den Produktionsländern zu verbessern – durch höhere und stabile Löhne, aber auch durch die Chance auf Bildung, die Verbesserung der Wohnverhältnisse und des Gesundheitswesens vor Ort.

Die Prinzipien des Fairen Handels am Beispiel der WFTO-Standards

- Chance für wirtschaftlich benachteiligte Produzent*innen: Sie können ihre Produkte zu fairen Preisen verkaufen.

- Transparenz und Verantwortlichkeit, bessere Arbeitsbedingungen: Arbeiter und Arbeiterinnen sowie Pflücker und Pflückerinnen erhalten garantierte Mindestlöhne sowie verbesserte Lebens- und Arbeitsbedingungen.

- Zahlung eines fairen Preises: Die Preise decken die Produktionskosten und das Existenzminimum.

- Kinderarbeit und Zwangsarbeit ausgeschlossen: Ausbeuterische Kinderarbeit und gesundheitsschädliche Praktiken sind verboten.

- Förderung der Fähigkeiten, Weiterbildung: Die Fair Trade Prämie ermöglicht Investitionen in soziale Projekte, wie Schulen, medizinische Versorgung oder Bildung.

- Langfristige Handelsbeziehungen unterstützen die Zukunftsplanung der Produzent*innen

- Umweltschutz: Die Umstellung auf ökologischen Anbau wird gefördert.

- Nicht-Diskriminierung, Gleichberechtigung und Vereinigungsfreiheit.

Die Lieferkette eines Fair Trade Produktes soll am Beispiel von Schokolade, der Mascobado Vollmilchschokolade der GEPA, gezeigt werden:

Lieferkette der GEPA Mascobado Vollmilchschokolade

(nach Angaben von GEPA – The Fair Trade Company)

Von der Bohne zur Schokolade

Produzent → Importeur → Hersteller → Handel → Konsument

4. Was bedeutet Fairer Handel?

Die Kakaobohnen kommen aus der Dominikanischen Republik, aus Bolivien sowie aus Sao Tomé (Westafrika). Für die Darstellung der Lieferkette greifen wir als Beispiel die Kleinbauernorganisation COOPROAGRO aus der Dominikanischen Republik heraus.
Hier ist der Ablauf so:

1. Dominikanische Republik: Kakaobohnen werden geerntet.

2. Der Kakao wird nach der Ernte weiterverarbeitet: Zunächst müssen die Bohnen fermentiert werden, damit sie Geschmack und Geruch entwickeln. Den Transport zur Zentrale übernimmt COOPROAGRO, damit ist er gleichzeitig Exporteur. Bringt ein Kakaobauer seine Lieferung selbst, bekommt er die Transportkosten erstattet.

3. Auf jedem angelieferten Sack ist der Bauer vermerkt, von dem die Bohnen stammen. Beim Fermentieren und Trocknen kommen die Bohnen mehrerer Mitglieder zusammen. Auch dabei wird die Herkunft dokumentiert. Die getrockneten Bohnen werden zu je 70 Kilogramm in einen Sack gepackt und zu Containerladungen zusammengefasst. Eine Containerladung enthält Bohnen von bis zu 250 Bauern.

4. Nach einer dreiwöchigen Reise kommen die Bohnen in Bremerhaven an. Die GEPA importiert die Kakaobohnen und steuert die Verarbeitung selbst. Zwei der Verarbeiter sind in Holland. Die fairen Kakaobohnen der GEPA werden hier zu Kakaomasse, Kakaobutter und Kakaopulver verarbeitet. In einer Schokoladenmanufaktur in Herford (Ostwestfalen) werden diese sogenannten „Halbfertigprodukte" zu GEPA-Schokolade verarbeitet. Das Besondere bei den GEPA-Schokoladen ist: Es wird nur die Kakaomasse und -butter verwendet, die aus den Kakaobohnen der GEPA-Partner hergestellt wurden.

5. Zuckerbäuerin bei der Ernte

Lieferkette der zweiten Hauptzutat

Mascobado-Vollrohrzucker von den Philippinen > Zuckermühle > 20-stündige Schiffsreise nach Manila > Transport nach Bremerhaven (ca. 4 Wochen) > Bremen > Schokoladenfabrik

Wissenswertes

Ein Grund, weshalb die Schokolade in Deutschland produziert wird, ist der Transport: Fertige Schokolade müsste in Kühlcontainern transportiert werden. Das ist viel teurer, der Energieaufwand wäre immens.

Die fertige Schokolade geht zur GEPA-Zentrale nach Wuppertal und wird von dort an Lebensmittel-, Bio- und Naturkosthandel, an Weltläden und Aktionsgruppen sowie an den Online-Shop/Endkunden geliefert.

6. Zusätzlich zu den garantierten Mindestpreisen für fair gehandelte Waren bekommen die Produzent*innen eine Prämie ausgezahlt, die sozialen Projekten zugutekommt.

Die Mitglieder aus der Dominikanische Republik haben die 70 Meter lange Brücke aus der Fair Trade Prämie finanziert. Hier treffen drei Flüsse aufeinander, die in der Regenzeit so stark anschwellen, dass ohne die Brücke Wege abgeschnitten wären.

Weitere Zutaten: Milchpulver von den Milchwerken Berchtesgadener Land, Vanilleextrakt aus Madagaskar.

Wie funktioniert der Faire Handel für die Kleinbäuer*innen?

Den Bäuerinnen und Bauern, die dem Fairen Handel angeschlossen sind, wird ein Mindestpreis für ihre Waren garantiert, auch wenn der Preis auf dem Weltmarkt gerade niedriger ist. Darüber hinaus wird für viele Produkte noch eine Fair Trade Prämie bezahlt. Über diesen Aufschlag können die in der Genossenschaft zusammengeschlossenen Bäuer*innen frei verfügen. Sie selbst entscheiden, wo dieses Geld investiert wird. So lernen sie, eigenverantwortlich zu wirtschaften.

Durch den Zusammenschluss in Genossenschaften haben sie viele Vorteile. Sie können ihre Produkte besser vermarkten. Der einzelne Bauer oder die einzelne Bäuerin hätte sonst meist nicht einmal die Möglichkeit, Waren zu transportieren. Sie können sich fortbilden und ihre Rechte wahrnehmen.

Die Zertifizierung des Fairen Handels

Damit Konsument*innen faire Produkte erkennen, werden Standards (Mindestanforderungen und Richtlinien) formuliert, die Fairen Handel definieren und eine Zertifizierung ermöglichen. Eine international anerkannte Definition für Fairen Handel stammt von der World Fair Trade Organization (WFTO), der internationalen Dachorganisation für Fair-Handelsorganisationen in rund 75 Ländern aller Kontinente. In der WFTO sind sowohl Importeure als auch Produzentengruppen in den Ländern des globalen Südens organisiert. Auch wichtige Verkäuferorganisationen, wie der Weltladen-Dachverband, sind Mitglieder dieses Netzwerks. Die WFTO vergibt ein Label an Unternehmen als Ganzes und zeichnet diese über ein Monitoringsystem als Fair-Handelsunternehmen aus. Eine gesetzliche Regelung gibt es jedoch nicht.

Beim Zertifizierungssystem von FLO-CERT handelt es sich um eine Produktzertifizierung, das heißt es geht um die Frage, ob ein Produkt fair gehandelt wurde. Ein Beispiel für ein derartiges System ist die Vergabe des Fairtrade-Siegels von Fairtrade International über die unabhängige Zertifizierungsgesellschaft FLO-CERT.

Der Zertifizierungsprozess am Beispiel von Kaffee:
- Die Kooperative stellt den Antrag auf Zertifizierung ihres Kaffees.
- FLO-CERT schickt einen Fragebogen.
- Einheimische Expert*innen sowie Inspekteur*innen überprüfen die Einhaltung der Standards vor Ort.
- Mit Zweit- und Drittprüfungen wird kontrolliert, ob der Mehrwert (Fair Trade Prämie) in soziale Unterstützungsstrukturen fließt.
- Nach der erfolgreichen Zertifizierung finden regelmäßige Audits zur Überprüfung der Einhaltung der Standards statt.

„Allein in Deutschland ist der Umsatz mit Produkten, die das blau-grüne Fairtrade-Siegel tragen, von 2010 auf 2011 um 18 Prozent gestiegen – auf 400 Millionen Euro" (vgl. Hahn/Herrmann, 2012). Bis 2015 stieg der Umsatz auf 978 Millionen Euro. Laut Fairtrade Deutschland profitierten 2016 davon rund 1,6 Millionen Bäuer*innen sowie Arbeiter*innen auf Plantagen in 74 Anbauländern.

Grenzen der Zertifizierung

Die öffentliche Diskussion um die Zertifizierung ist umfangreich. Große Pioniere unter den Fair-Handelsunternehmen argumentieren, es sei nicht ausreichend, einzelne faire Produkte in das Sortiment eines Unternehmens aufzunehmen. Dies widerspreche dem Fair Trade Gedanken insbesondere, wenn das Unternehmen einen großen Teil der Gewinnspanne (Marge) aus den fairen Produkten für sich behalte und somit dem Gedanken schade. Hier können Monitoringsysteme wie das der WFTO gegensteuern, denn hier werden die Mitgliedsorganisation in ihrer Gesamtheit überprüft. Mit dem WFTO-Label wird bescheinigt, dass die Organisation als solche fair ist. Damit kann das Organisations-Label für alle Produkte der Organisation (handwerkliche Erzeugnisse und Lebensmittel) genutzt werden. Um ihre Waren als „fair gehandelt" vermarkten zu dürfen, müssen Kleinbäuer*innen bei einigen Zertifizierungssystemen eine Gebühr bezahlen und mit einer Antragsgebühr in Vorleistung gehen. Diese Geldbeträge schließen zahlreiche Interessierte aus. Viele Fair-Handelsunternehmen gewähren daher eine Vorfinanzierung für Kleinbäuer*innen.

Vor allem der Anteil an fair gehandelten Zutaten, der bei der Zertifizierung vorgeschrieben wird, hat in jüngster Zeit Kritik ausgelöst. Für alle Mischprodukte mit dem Fairtrade-Siegel gilt ein Mindestanteil fair gehandelter Zutaten von 20 %. Bis 2011 wurde der Mindestanteil mit 50 % festgelegt. Darüber hinaus gilt: Sind weitere Zutaten als Fairtrade-zertifiziert erhältlich, müssen sie auch im Mischprodukt verarbeitet werden. Oder einfach gesagt: Was es fair gibt, muss auch rein.

Insgesamt darf also der Anteil der fair gehandelten Zutaten 20 % nicht unterschreiten, es muss aber eben auch nicht mehr sein.

Mit Blick auf die zahlreichen Siegel und Zeichen weisen Verbraucherzentralen auf eine zunehmende Unübersichtlichkeit hin. Doch es lohnt sich, über die Monitoring- und Zertifizierungssysteme des Fairen Handels zu recherchieren und auf die Siegel und Zeichen zu achten. Sie informieren über die Standards und Richtlinien des jeweiligen Produkts. Für die Schüler*innen gibt es hier eine kleine Siegelkunde als Arbeitsblatt.

Fair Trade beim Discounter

Anfang der 1990er-Jahre löste der Einzug fair gehandelter Produkte in die Supermärkte kontroverse Diskussionen aus. Würden die unabhängigen Zertifizierungsunternehmen angesichts des wachsenden Marktdruckes mit den Kontrollen in Rückstand geraten oder gar Standards herabsetzen (Hahn/Herrmann, 2012)? Und würden die Weltläden und Gruppen, die bis dahin den Verkauf fair gehandelter Waren praktisch alleine gestemmt hatten, in Konkurrenz zu den Supermärkten geraten?

Diese Befürchtung hat sich nicht bewahrheitet, Weltläden und Gruppen gibt es immer noch, sie sind ein wichtiger Vertriebsbereich des Fairen Handels. Tatsächlich sind zahlreiche Kund*innen, die faire Produkte im Supermarkt kaufen, eher geneigt, auch im Weltladen einzukaufen, zumal es dort das gesamte Kunsthandwerks-Sortiment gibt, das die Supermärkte nicht anbieten.

Befürworter*innen argumentierten, fair gehandelte Produkte könnten mit dem Einzug in die Supermärkte ihr Nischendasein verlassen und ein wesentlich breiteres Publikum erreichen. Somit könnten das Bewusstsein für Fairen Handel erweitert und die Kaufbereitschaft geweckt werden. Dem stimmten viele Akteure und Aktive des Fairen Handels zu. Überträgt man die Argumentation jedoch auf den Einzug fair gehandelter Produkte in die Discounter, gehen die Meinungen sehr weit auseinander. So findet man in keinem Discounter fair gehandelte Produkte der „100 % fair"- Händler wie GEPA, El Puente oder dwp. Hingegen gibt es GEPA-Produkte in zahlreichen Supermärkten. Der Grund: Die Handelspraktiken der Discounter sind auf Niedrigpreise ausgelegt. Damit erzeugen sie einen enormen Preisdruck, der besonders die Erzeuger trifft.

Dieses Problem zeigte sich 2016 beispielhaft am extrem niedrigen Milchpreis. Neben den sinkenden Weltmarktpreisen war der Preisdruck durch Discounter ein Grund für viele (Milch)Bäuer*innen, ihren Betrieb aufzugeben, da er nicht mehr rentabel war. Solche Handelspraktiken, die immer nur die Suche nach dem billigsten Produkt zum Ziel haben, sind unvereinbar mit einem Fair-Handelsunternehmen.

Fairtrade-Programme

Über das neu eingeführte Fairtrade-Programm für z. B. Zucker, Baumwolle und Kakao können Unternehmen Produkte zertifizieren lassen, bei denen nur eine Zutat aus Fairem Handel bezogen wurde. Das bedeutet: Ein Produkt, bei dem der Kakao aus fairer Produktion stammt, andere Zutaten jedoch aus herkömmlicher Produktion, erhält ein Programm-Zeichen (nicht jedoch das Fairtrade-Siegel). Befürworter*innen dieser Programme argumentieren, dass sich dadurch die großen Märkte für Kleinbäuer*innen des Fairen Handels öffnen. Mit höherem Absatz steige die Fair Trade Prämie und somit die Aussicht auf bessere Lebensbedingungen. Verbraucherschützer*innen argumentieren mit einer Verwechslungsgefahr des Siegels und des Zeichens. Für Konsument*innen sei der Unterschied zwischen Siegel und Zeichen schwer verständlich. Zudem werde ein wichtiger Grundsatz des Fairen Handels aufgehoben, nämlich dass möglichst alle Zutaten eines Produktes aus Fairem Handel stammen sollen.

Weiterführende Literatur

- **www.fairtrade.de**: Diese Webseite der GEPA enthält Informationen zu übergeordneten Themen des Fairen Handels wie z. B. Kontrolle, Zertifizierung, u.v.m..
- **Evangelischer Entwicklungsdienst/Brot für die Welt (Hrsg.) (2009)**: Welthandel – Eine Arbeitshilfe für die Gemeindearbeit zur Studie „Zukunftsfähiges Deutschland in einer globalisierten Welt". Broschüre. Bonn, Stuttgart. Online verfügbar: **www.brot-fuer-die-welt.de/fileadmin/mediapool/2_Downloads/Sonstiges/EED_BfdW_07_ZD-Mappe_Welthandel_09.pdf**
- **Evangelischer Entwicklungsdienst/Brot für die Welt (2007)**: EPAs – was ist das? Zehn Fragen – Zehn Antworten. Bonn, Stuttgart.
- **Hahn, M./Herrmann, F. (2011)**: Fair einkaufen – aber wie? Der Ratgeber für Fairen Handel, für Mode, Geld, Reisen und Genuss. Frankfurt/M.
- **Hützel-Adams, F. (2012)**: Vom Kakaobaum bis zum Konsumenten. Die Wertschöpfungskette von Schokolade. Hrsg. von Südwind e. V., Institut für Ökonomie und Ökumene. Siegburg. **www.suedwind-institut.de/publikationen/2012/**
- **www.jugendhandeltfair.de**: Internetseite mit vielen Hintergrundinformationen, Unterrichtsvorschlägen und Aktionsideen.
- **www.bildung-trifft-entwicklung.de/didaktische-materialien.html**: Angebote und Materialien des Programms Bildung trifft Entwicklung – die regionalen Bildungsstellen vermitteln Referent*innen für Globales Lernen und stellen didaktische Materialien zur Durchführung entwicklungspolitischer Bildungsveranstaltungen zur Verfügung.
- **www.fairtrade-schools.de**: Die Kampagne Fair Trade Schools bietet Schulen die Möglichkeit, sich aktiv für eine bessere Welt einzusetzen und Verantwortung zu übernehmen. Der Ideenpool beinhaltet viele Unterrichtsvorschläge und Tipps für eigene Aktionen.
- **http://csr.jugend-und-bildung.de**: Das Medienpaket „MitVerantwortung" will auf die Bedeutung, Notwendigkeit und Aktualität von Verantwortung in einer globalisierten Welt aufmerksam machen.
- **www.fairbindung.org**: FairBindung e. V. hat verschiedene Bildungsmaterialien zum Themenfeld Wirtschaftswachstum entwickelt und veröffentlicht, z. B. www.endlich-wachstum.de, Material- und Methodensammlung zur sozial-ökologischen Transformation für die Bildungsarbeit in verschiedensten Kontexten und insbesondere mit Jugendlichen und (jungen) Erwachsenen.
- **www.ci-romero.de/fileadmin/media/informieren-themen/gruene_mode/labelguide_cir.pdf** WearFair: Ein Wegweiser durch den Label-Dschungel der Textilbranche der Christlichen Initiative Romero
- **www.fairtrade-deutschland.de**: Informationen von Fairtrade Deutschland
- **www.abl-ev.de/themen/mensch-macht-milch.html**: Comic zum Thema: Wie Konzerne unsere Bäuerliche Landwirtschaft verpulvern
- **www.bpb.de/presse/211363/mode-und-konsum**: Viel Mode für wenig Geld – ist das fair? Methodensammlung für die Bildungsarbeit der BPB
- **www.bpb.de/shop/lernen/thema-im-unterricht/75666/wirtschaft-fuer-einsteiger**: Wirtschaft für Einsteiger – anschauliche Erklärung wirtschaftlicher Zusammenhänge
- **www.greenpeace.de/presse/publikationen/wegwerfware-kleidung**: Wegwerfware Kleidung, Repräsentative Greenpeace-Umfrage zu Kaufverhalten, Tragedauer und der Entsorgung von Mode

Unterrichtstipps für Lehrkräfte

Der Weg der Schokolade

Um die Verarbeitungs- und Lieferkette der Schokolade zu visualisieren, kann der Weg der Schokolade anhand von Bildern in der Mitte eines Stuhlkreises gemeinsam nachvollzogen werden. An diesem Beispiel kann auch der Unterschied zwischen Fairem und konventionellem Handel erklärt werden.

Benötigte Zeit: 30 Minuten

Anzahl der Schüler*innen: 30

Materialbedarf: vergrößerte Bilder zur Lieferkette der GEPA-Schokolade, Karteikarten

Detaillierter Ablauf

Für Schüler*innen können Karteikarten mit den Akteuren: Produzent, Exporteur, Hersteller, Handel, Konsument vorbereitet und die vergrößerten Bilder aus der Hintergrundinformation zur Lieferkette der GEPA-Schokolade auf Karten geklebt werden. In einem Stuhlkreis können die Schüler*innen nun die Bilder und die Karten in die richtige Reihenfolge bringen, um den Weg der Schokolade nachzuvollziehen.

Gemeinsam können Sie anschließend Unterschiede im Fairen und konventionellen Handel herausarbeiten. Hierfür die Aussagen in der Tabelle ebenfalls auf Karteikarten kleben.

Fragen	Fairer Handel	Konventioneller Handel
Wie ist die Bezahlung geregelt?	Kleinbäuer*innen schließen sich zu Kooperativen zusammen und produzieren, verarbeiten und vermarkten den Kakao gemeinsam. So erreichen sie bessere Preise. Es gibt keine Zwischenhändler.	Im konventionellen Handel ist eine ausgeprägte Machtkonzentration in der Wertschöpfungskette zu finden: Diese befindet sich vor allem bei den Aufkäufern/Zwischenhändlern, Exporteuren und Kakao-Verarbeitern.
Können die Kakaoarbeiter*innen von dieser Bezahlung leben?	Zum untersuchten Zeitpunkt (2012) erhält eine Kooperative ca. 30 Cent je Tafel Bitterschokolade und 16 Cent je Tafel Vollmilchschokolade (Hützel-Adams, 2012).	Zum untersuchten Zeitpunkt (2012) erhält der Bauer bzw. die Bäuerin zwischen 3 und 6 Cent je verkaufter Tafel Milchschokolade (Hützel-Adams, 2012).
Wie sehen die Lebensbedingungen der Arbeiter*innen aus?	Wichtige Kriterien sind zum Beispiel die Sicherheit am Arbeitsplatz sowie das Verbot von Diskriminierung und von Kinder- und Zwangsarbeit.	Weltweit wächst das Interesse in den Industrieländern an der sozialen Situation der Arbeitnehmer*innen in den Ländern des Südens. Soziale Standards sind aber noch nicht ausreichend umgesetzt und nicht verbindlich. Hier besteht noch Handlungsbedarf.

Ergänzt werden kann die Übung durch das Fadenspiel: Nachdem die Schüler*innen die Lieferkette mit den unterschiedlichen Handelsbedingungen nachvollzogen haben, versuchen sie, sich in die Rolle der Akteure im konventionellen Handel einzufühlen und einzuschätzen, ob sie unter den Aspekten Lohn und Arbeitsbedingungen zufrieden sind.

Die Methode „Fadenspiel" zum Download:
Das Fadenspiel (Thema Globalisierung) zeigt den langen Weg einer Jeans von der ersten Baumwollfaser bis zum fertigen Produkt auf dem Ladentisch.

www.arche-nova.org/de/node/490/methoden-und-materialien-zum-download

Aufgabe
Diskutieren Sie anschließend, was die unterschiedliche Produktion für die Schüler*innen bedeutet: Warum sollten sie einen höheren Preis für Schokolade bezahlen, wenn es sie auch günstiger gibt?

Aufbau einer Wissensgalerie

Damit Schüler*innen bewusst konsumieren, benötigen sie neben Handlungswissen auch Hintergrundinformationen zum Fairen Handel. Diese Unterrichtsmethode verdeutlicht globale Zusammenhänge des Handels.

Benötigte Zeit: 120 Minuten

Anzahl der Schüler*innen: 30

Materialbedarf: Computerraum, Arbeitsblätter (Kopiervorlagen zur Wissensgalerie in dieser Veröffentlichung), Flipcharts, Stifte

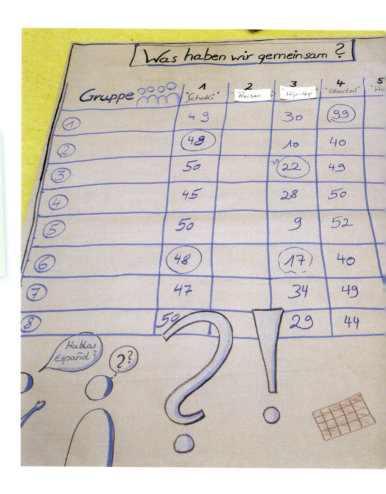

Detaillierter Ablauf

Einstieg
Übung „Einschätzen der Gruppe": Als Einstieg, bevor die Wissensgalerie erarbeitet wird, kann die Gruppe/Klasse in fünf bis acht Kleingruppen geteilt werden. Jede Kleingruppe soll die gesamte Gruppe hinsichtlich ihrer Gewohnheiten einschätzen. Die Lehrkraft notiert an der Tafel/am Flipchart die Schätzfragen:

- Wie viele Schüler*innen unter uns haben ein Smartphone bereits länger als 5 Jahre?

- Wie viele sprechen eine Fremdsprache?

- Wie viele hören gerne HipHop?

- Wie viele haben ein Oberteil an, das in Asien hergestellt wurde? (selbst nachsehen lassen)

- Wie viele essen täglich Schokolade?

etc.

Ablauf
Jede Kleingruppe bespricht sich kurz und gibt dann einen Tipp ab, z. B. 18 von 30 Schüler*innen essen täglich Schokolade. Dieser Tipp wird notiert.

Abschluß
Am Ende wird ermittelt, wie weit die Gruppen vom tatsächlichen Ergebnis entfernt liegen, indem die Fragen erneut gestellt werden und alle die Hand heben, auf die die Frage zutrifft.

Die Gruppe, die jeweils am nächsten liegt, erhält einen Punkt. Die Gruppe mit den meisten Punkten hat natürlich gewonnen.

Zum Abschluss kann die gesamte Gruppe gefragt werden, ob sie eine Idee hat, warum gerade diese Fragen gestellt wurden. Schnell werden die Teilnehmenden darauf kommen, dass sie in einer globalisierten Welt leben.

Durchführung Wissensgalerie

Lassen Sie nun die Klasse in Arbeitsgruppen die folgenden Aufgaben bearbeiten. Dafür bietet sich die Methode des Gruppenpuzzles an.

Das Gruppenpuzzle

Diese Methode ist hervorragend, um das sehr komplexe Thema Fair Trade für alle Schüler*innen gleichermaßen zugänglich zu machen. Sie lernen bei dieser Methode, komplexe Zusammenhänge schnell zu erfassen und die wichtigsten Punkte ihren Mitschüler*innen darzustellen. So sind am Ende alle etwa auf dem gleichen Stand.

Durch diese Methode kann das Schul- und Lernklima verbessert werden und die Schüler*innen lernen, Verantwortung zu übernehmen, da alle in der Gruppe eine wichtige Aufgabe haben. Jede und jeder ist gefordert und schüchterne Schüler*innen können in den Kleingruppen selbstbewusst mitarbeiten.

Teilen Sie nun die Klasse in vier Arbeitsgruppen ein (fünf bis sechs Schüler*innen in einer Gruppe, Gruppen möglichst gleich groß). Diese Gruppen sind die Stammgruppen.

1. Phase: Erster Überblick

Zuerst bekommen die Mitglieder jeder Stammgruppe je eine Farbe oder ein Symbol zugewiesen, das sie während des gesamten Projektes behalten.

In den Stammgruppen sitzen die Schüler*innen zunächst für eine vorgegebene Zeit zusammen. Diese richtet sich danach, wie viel Zeit insgesamt für das Projekt zur Verfügung steht.

Die Stammgruppen werden mit der Erstinformation versorgt. Das sind die Infotexte der einzelnen Arbeitsblätter der Gruppen. So bekommen alle einen Einblick in das gesamte Thema. Anschließend sollen die Aufgaben angeschaut und durchgesprochen werden. So sind in diesem ersten Schritt alle in der Gruppe über die Komplexität des Themas informiert.

2. Phase: Intensivarbeit

Nun finden sich jeweils die Schüler*innen mit derselben Farbe/demselben Symbol zu Expertengruppen zusammen. In diesen Expertengruppen werden die vier spezifischen Themen bearbeitet. Jede Gruppe behandelt eines der vier Themen.

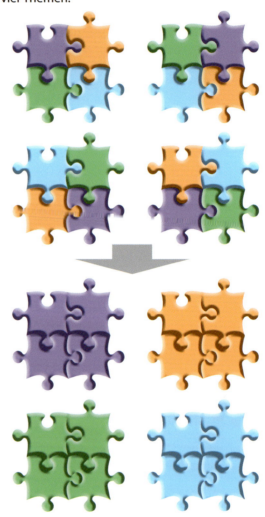

3. Phase: Austausch

In dieser Phase finden sich alle wieder in ihren Stammgruppen zusammen. Sie versorgen sich gegenseitig mit Infos über ihre jeweiligen Arbeitsergebnisse. In den Expertengruppen angefertigte Plakate können das erleichtern und können in den Stammgruppen auch noch ergänzt werden. Aus diesen Plakaten wird am Ende eine Wissensgalerie im Klassenraum erstellt und aufgehängt.

Wissensgalerie Gruppe 1
Funktion von Marken

Große Konzerne wollen sich selbst oder ihre Produkte als erfolgreiche Marke am Markt etablieren. Denn Marken erfüllen sowohl für Unternehmen als auch für Konsument*innen eine wichtige Funktion.

Unternehmen haben zahlreiche verschiedene Marken auf dem Markt. Dies macht das Angebot für die Verbraucher*innen zwar sehr vielfältig, aber auch schnell unübersichtlich. Ein Konzern bietet beispielsweise ein und dasselbe Produktsegment, z. B. Butter und Margarine, unter verschiedenen Marken an. Das dient unter anderem dazu, unterschiedliche Konsument*innen/Zielgruppen zu erreichen.

„Die Zeit" veröffentlichte eine Übersicht für den Lebensmittelbereich, in der zu erkennen ist, dass hinter der Markenvielfalt eigentlich nur zehn große Konzerne stehen (Die Zeit Nr. 19, 2013).

Warum wird für Marken so viel geworben?

1. Marken helfen den Konsument*innen bei der Orientierung. Hat sich eine Marke erst einmal positiv festgesetzt, dient sie der Bequemlichkeit und der Gewohnheit der Käufer*innen. So müssen sie beim Einkaufen nicht länger überlegen, sondern greifen schnell zu „ihrer" Marke.

2. Marken stellen im Idealfall Qualität dar und vermindern dadurch das wahrgenommene Risiko beim Kauf. Das ist besonders wichtig bei Produkten, deren Qualität erst nach dem Kauf im Gebrauch sichtbar wird, wie zum Beispiel bei einer Wasch- oder Spülmaschine. Anhand der Marke kann man sich auf die Qualität des gewünschten Produktes verlassen.

Durch positive Erfahrungen mit der Marke können die Entscheidungsprozesse beim nächsten Einkauf verkürzt werden, weil schon Informationen über das Produkt gespeichert wurden. So wird das Gehirn entlastet und muss nicht alle Werbebotschaften verarbeiten. Gibt es eine Vielzahl positiver Erfahrungen mit der Marke und dem Image, das sie vermittelt, stärkt das die Vertrauensfunktion und somit die Bindung der Konsument*innen an die Marke. Markentreue entsteht.

3. Eine Marke kann auch Prestige bedeuten. Hierbei nutzen Käufer*innen die Marke als Ausdruck ihrer Persönlichkeit und des eigenen Lebensstils. Über die Marke zeigen sie dies in ihrem sozialen Umfeld. Verbraucher*innen nutzen Attribute der Marke, also bestimmte ihr zugeschriebene Eigenschaften, bei der Entwicklung ihres Selbstbildes.

Bis eine Marke jedoch alle diese Funktionen erfüllt, hat sie meist einen langen Weg hinter sich. Es steckt dann bereits sehr viel Geld und Zeit in ihrer Entwicklung. Die Zielgruppe, die erreicht werden soll, muss im Vorfeld genau analysiert werden und es ist eine Menge Werbung nötig, um sie auch tatsächlich zu erreichen. Ob der Plan aufgeht, dafür gibt es keine Garantie, denn die Vorlieben der Verbraucher*innen sind letztendlich nicht wirklich vorhersehbar.

Wenn es jedoch gelingt, eine Marke erfolgreich am Markt zu etablieren, dann bieten die beschriebenen Funktionen dem Hersteller eine Vielzahl von Möglichkeiten. Dabei ist nicht zu vergessen, dass Markenprodukte sich immer zu einem weit höheren Preis verkaufen lassen.

Arbeitsaufträge

1. Ein Gedankenexperiment

Würdet ihr den Satz: „Besonders teuer ist besonders gut!" unterschreiben?

Ist die Jeans eines cooles, hippen Labels für 130 € ihr Geld wert, wenn sie beim Kauf ein gutes Gefühl vermittelt und dem Käufer oder der Käuferin im Freundeskreis Anerkennung und Zugehörigkeit verschafft?

Die Qualität der Jeans ist sehr hochwertig, dennoch wurden für ihre Produktion sehr geringe Löhne an die Näher*innen gezahlt. Worin liegt der Wert dieser Jeans?

Ist sie auch dann ihr Geld wert, wenn sie unter unfairen Bedingungen produziert wurde?

Aufgabe

Überlegt, warum kaufen viele Menschen offenbar lieber teure Markenjeans als ähnlich teure Fair Trade Jeans? Die Erklärung könnte darin liegen, dass ein wichtiges Bedürfnis nur durch den Kauf der Markenjeans befriedigt werden konnte. Vielleicht geht es hier besonders um die Anerkennung im Freundeskreis oder es gibt für diese Marke ein besonderes Qualitätsbewusstsein bei den Konsument*innen.

2. Testet euer Markenbewusstsein

Aufgabe

Beim Kauf von neuen Dingen orientieren sich Verbraucher*innen oft an Marken, Siegeln und der Werbung für die Produkte. Notiert eure Erkenntnisse über die Funktion von Marken auf Plakaten. Findet heraus, worauf ihr am meisten achtet.

Schätzt auf einer Skala von 1 bis 10 euer Markenbewusstsein ein. Denkt dabei nicht nur an Kleidung, sondern auch an Lebensmittel, Kosmetik, Handys und Computer.

Diese Skala könnt ihr abmalen und zur Beantwortung der Fragen nutzen oder sie bei der Abschlussdiskussion mit euren Mitschüler*innen durchspielen:

Beschreibt euer Gefühl, als ihr das letzte Mal beim Einkaufen zu einem Markenprodukt gegriffen habt. Welche Funktion könnte die Marke bei euch erfüllt haben? Diskutiert in eurer Gruppe und schreibt die fünf wichtigsten Gefühle oder Gründe auf.

1	2	3	4	5	6	7	8	9	10

1 = Marken sind mir völlig egal, ich kaufe immer „no-name"

10 = Marken sind mir sehr wichtig, weil Markenprodukte einfach besser sind

Notiert eure Erkenntnisse auf Plakaten. Stellt die Ergebnisse in der Klasse kurz vor und hängt sie anschließend als Wissensgalerie an die Wand eures Klassenzimmers.

Wissensgalerie Gruppe 2
Wo kommen die Produkte her? Produktions- und Lieferketten

Wenn man sich die Herkunft unserer Kleidung anschaut, stellt man fest: Sie hat meistens einen sehr langen Weg hinter sich, bevor sie bei uns im Laden zu kaufen ist.

Die Produktion einer Jeans beispielsweise ist heute über den ganzen Globus verteilt.[1] Sie besteht aus Baumwolle, die nur in warmen Gegenden wächst. So wird Baumwolle hauptsächlich in den USA, Indien, Usbekistan und Kasachstan angebaut. Weiterverarbeitet wird sie dort, wo die Arbeitskraft am billigsten ist. In der Türkei wird die Baumwolle in Spinnereien zu Garn gesponnen. Dieses Garn wird zum Beispiel in Taiwan in Webereien zu Jeansstoff verarbeitet. Um der Jeans ihre typische indigoblaue Farbe zu verleihen, wird ein chemischer Farbstoff benötigt, der in Polen produziert wird. Eingefärbt wird der Stoff dann in Tunesien. Meist werden die gefärbten Jeansstoffe noch veredelt. Das bedeutet, sie werden so bearbeitet, dass sie schön weich sind und nicht so schnell knittern. Dieser Produktionsschritt wird in Bulgarien erledigt.

Ihre Form als Jeanshose bekommt sie dann in China. Hier wird sie zusammengenäht und mit Nieten und Knöpfen aus Italien und mit dem Futterstoff aus der Schweiz versehen.

Das modische Finish, also eine Waschung oder Behandlung mit Bimssteinen, die für den „Stone-washed-Effekt" sorgen, erhält sie in Frankreich. In Deutschland wird abschließend noch das Firmen-Label eingenäht und die Jeans kommt in den Verkauf.

Dieser lange Produktionsweg, ungefähr 50.000 Kilometer, hat sehr negative Folgen für das Ökosystem. Der Transport rund um die Erde verbraucht eine Menge Erdöl und so wird viel Kohlendioxid in die Atmosphäre eingebracht. Der Anbau der Baumwolle benötigt außerdem große Mengen Wasser zur Bewässerung der Pflanzen in den warmen und trockenen Ländern. In Usbekistan und Kasachstan hat diese intensive Bewässerung dazu geführt, dass sich das Wasservolumen des Aralsees innerhalb von 35 Jahren auf 10 % der ursprünglichen Menge reduziert hat.

Um die Baumwollpflanzen gegen Schädlinge zu schützen, werden sie gespritzt. Diese Chemikalien gelangen in die Böden, das Wasser der Flüsse und das Grundwasser und auch in die Luft. Das ist gesundheitsschädlich für die Menschen, die dort leben. Aber auch die Weiterverarbeitung der so behandelten Rohstoffe ist gesundheitsschädlich und eine Belastung für diejenigen, die in den Fabriken damit in Kontakt kommen.

Außerdem bekommen diese Arbeiter*Innen für ihre krankmachende Arbeit einen sehr schlechten Lohn. Wenn man sich anschaut, wie sich der Preis einer Jeans zusammensetzt, wird die ungleiche Verteilung der Wertschöpfung deutlich[2]:

Die Reise der Jeans kann mit einem Faden auf der Weltkarte nachvollzogen werden.

Wenn eine Jeans 50 Euro kostet, fließen....

- 25 Euro in den Einzelhandel (Verwaltung, Miete, Personal und Gewinn)
- 12,50 Euro zur Markenfirma (Entwicklung, Verkauf, Verwaltung, Werbung, Geschäftsgewinn)
- 5,50 Euro zur Transportfirma und ans Finanzamt
- 6,70 Euro zur Jeans-Fabrik (Materialkosten, Miete, Maschinen)
- 0,30 Euro Lohn zu den Arbeiter*Innen

Je geringer die Produktionskosten sind, desto größer ist die Gewinnspanne für den Handel. So wird kräftig an den Arbeitslöhnen gespart. Und im Ergebnis ist hier bei uns Mode zu Billigpreisen zu bekommen.

Wie wirkt sich das auf unser Konsumverhalten aus?

Die Frequenz, in der wir konsumieren, ist immer höher geworden. Ein Kleidungsstück ist für viele Menschen nicht mehr ein Begleiter für viele Jahre oder sogar Jahrzehnte, sondern wird für Anlässe wie eine bestimmte Party billig gekauft und danach entsorgt. Schnelllebige modische Bedürfnisse stehen dabei im Vordergrund, entsprechend viele Billigläden können diese kontinuierlich bedienen. Selbst im Supermarkt oder beim Discounter kann man wöchentlich wechselnde Mode zu günstigen Preisen kaufen.

In Deutschland werden jährlich ungefähr 26 Kilogramm Kleidung pro Person konsumiert. 1950 waren es noch fünf Kilogramm.

Wo landen unsere Produkte nach dem Konsum?

Tausende Tonnen Textilien landen jedes Jahr auf dem Müll. Laut einer repräsentativen Greenpeace-Umfrage [3] zu Kaufverhalten, Tragedauer und Entsorgung von Mode werden Kleidungsstücke wie Oberteile und Hosen, aber auch Schuhe innerhalb eines Jahres aussortiert. Jacken, Mäntel und Kleider schaffen es immerhin auf mehr als drei Jahre, bevor sie aussortiert werden. Doch was passiert danach mit dieser Kleidung? Die Befragten geben an, dass sie aussortierte Kleidung in den Müll oder in die aufgestellten Sammelboxen werfen. Alternativen wie Kleidertausch, Weiterverkaufen oder Kleidung reparieren lassen, werden nur sehr selten genannt.

Für die Kleidungsstücke, die in der Altkleidersammlung landen, beginnt eine neue Reise. Sie werden meist zu einem holländischen Betrieb transportiert und dort sortiert. Dann geht es zum Beispiel per Schiff weiter nach Afrika. So legen dann auch die Jeans wieder eine Reise von 8.000 Kilometern zurück, mit denselben Nebenwirkungen wie auf dem Hinweg. Auf den afrikanischen Märkten werden sie schließlich verkauft, was für die dort ansässigen Textil- und Handelsfabriken eine so große Konkurrenz ist, dass sie dagegen nicht bestehen können.

Es gibt aber auch Kleidersammlungen, die für eine faire Verwertung sorgen.

---

[1] Folgendes Beispiel aus: Ökoprojekt MobilSpiel e. V.: Marken, Mode und Moneten. Die lange Reise einer Jeans. Online verfügbar: www.praxis-umweltbildung.de/dwnl/kleidung/info_jeans.pdf

[2] Entnommen aus: Mach mal Zukunft! (2009): Aktionsmappe für die Jugendarbeit zur Studie „Zukunftsfähiges Deutschland in einer globalisierten Welt". Hrsg. von der Arbeitsgemeinschaft der evangelischen Jugend in Deutschland (aej), BUND-Jugend, Brot für die Welt, Evangelischer Entwicklungsdienst.

[3] Greenpeace (Hrsg.) (2015): Wegwerfware Kleidung. Repräsentative Greenpeace-Umfrage zu Kaufverhalten, Tragedauer und der Entsorgung von Mode. Hamburg. Online verfügbar: www.greenpeace.de/presse/publikationen/wegwerfware-kleidung

Arbeitsaufträge

1. Der Weg einer Jeans

Aufgabe

Eine Jeans hat bei der Produktion einen langen Weg zurückgelegt, bis sie schließlich bei uns im Geschäft angekommen ist. Verfolgt den Weg der Kleidung. Lasst euch von euren Mitschüler*innen sagen, aus welchen Ländern ihre T-Shirts oder Pullover kommen (das können sie selbst im Etikett an der Innenseite nachschauen).

Legt eine Tabelle an und notiert die Anzahl pro Land auf einem Plakat.

Herkunftsland der Kleidung	Land 1	Land 2	Land 3	Land 4
Anzahl der Schüler*innen, deren Oberbekleidung in diesem Land produziert wurde				

Macht eine Liste eurer derzeitigen Lieblingskleidung (zwei Stücke pro Person) und findet heraus, wo diese produziert wurden. Recherchiert bei den Labels, wo sie produzieren und wie die Bedingungen vor Ort sind. Gibt es Informationen dazu? Recherchiert auch im Internet – dort gibt es gute Filme und Infomaterialien zu dem Thema. Sucht unter: „Die Reise einer Jeans" oder der „Preis einer Jeans". Geht dazu in den Computerraum oder nutzt, wenn vorhanden, einen Laptop.

2. Was tust du mit der Kleidung, die du nicht mehr trägst?

Aufgabe

Viele Produkte, die wir bei uns kaufen können, haben oft schon einen langen Weg hinter sich. Kleidungsstücke werden oft nur kurz getragen, bevor sie wieder im Müll landen.

Überlegt euch, wie man diese Verschwendung verhindern kann.
Wie lange tragt ihr eure Klamotten im Schnitt? Gibt es Unterschiede – Lieblingsjeans, Lederjacke …?

Art des Kleidungsstücks	Nutze ich ungefähr... Tage, Wochen, Jahre
Jeans	
Jacke	
T-Shirt	
Schuhe	
Tasche	

Was tut ihr mit den Sachen, die ihr aussortiert?
Habt ihr schon einmal Sachen getauscht, verkauft, daraus etwas Neues genäht?

Möglichkeiten:

Mülltonne · Upcycling · Kleidercontainer · Tauschen · Umnähen · Verkaufen

Könnt ihr euch vorstellen, eine der genannten Möglichkeiten selber auszuprobieren? Entwickelt einen „Masterplan der ungewollten Klamotten". Schreibt kreative Ideen auf euer Plakat!

Aufgabe

Notiert eure Erkenntnisse auf Plakaten. Stellt die Ergebnisse in der Klasse kurz vor und hängt sie anschließend als Wissensgalerie an die Wand eures Klassenzimmers.

Wissensgalerie Gruppe 3

Warum eigentlich Fairer Handel?

Fairer Handel strebt nach globaler Gerechtigkeit. Ihm liegt die Überzeugung zugrunde, dass unser Konsum nicht auf Kosten anderer Menschen stattfinden darf. Menschen in den Anbau- und Produktionsländern erhalten einen angemessenen und fairen Lohn, von dem sie und ihre Familien leben können. Kinderarbeit ist im Fairen Handel verboten, sodass die Kinder ihr Recht auf Schulbildung auch wahrnehmen können. Somit haben sie die Chance, einen Beruf auszuwählen und zu ergreifen, den sie wollen und mit dem sie sich ernähren können.

Die Arbeitsbedingungen gewährleisten, dass keine Gefahr für die Gesundheit besteht, es gibt Pausen und freie Tage und die Menschen dürfen nicht giftigen und gesundheitsschädlichen Substanzen und Arbeitsprozessen ausgesetzt sein. Sie belasten zum einen die Menschen vor Ort, zum anderen sind giftige Rückstände in vielen Produkten nachweisbar und können dann auch bei uns Schäden anrichten. Beim Waschen von Kleidung, die nicht umweltschonend produziert wurde, können beispielsweise Giftstoffe in unseren Wasserkreislauf gelangen.

Wenn nun die Menschen entlang der Produktionskette angemessen für ihre Arbeit bezahlt werden, steigen natürlich die Kosten für das Endprodukt, das wir kaufen. Das günstige T-Shirt wird also teurer. Bei den teureren Marken müsste der Gewinn an dem Produkt anders verteilt werden.

Lassen sich höhere Preise für fair gehandelte Produkte durchsetzen?

Auf dem deutschen Markt gibt es heute etwa 3.200 fair gehandelte Produkte, in erster Linie Kaffee, Tee, Wein, Saft, Eis, Rosen, Textilien, Honig, Schokolade und Kakao. Mittlerweile sind Fair Trade Siegel auch in die Regale der Discounter eingezogen. Bei Rosen liegt der Anteil an Fair Trade in vielen Geschäften bei 100 %, das bedeutet, es gibt dort nur diese Rosen zu kaufen, weil die Läden komplett umgestellt haben. Bei Kaffee hingegen liegt der Anteil in Deutschland nur bei 2 %, in England aber sehr viel höher, was zeigt, dass es nationale Unterschiede gibt, wofür wie viel Geld ausgegeben wird.

Letztendlich ist es immer eine Entscheidung der Verbraucher*innen, was in die Läden kommt und was sich gut verkauft. Diese Macht sollte man niemals unterschätzen. Auch wenn der eigene Beitrag vielleicht nur ganz klein erscheint, so hat doch jeder und jede Einzelne die Macht, mit den alltäglichen Kaufentscheidungen etwas zu verändern. Den Herstellern ist es wichtig, was die Verbraucher*innen wollen. Und durch wiederholtes Nachfragen kann man die Produktpalette von Supermärkten und Discountern durchaus beeinflussen. Nur auf diesem Weg, durch den Willen der Verbraucher*innen, konnte Fair Trade in die Supermarktregale einziehen.

Fair
Angebote
Interesse
Respekt
Einnahme
Rechte

Hefte
Arbeit
Nachfrage
Dankbar
Erlebnis
Lohn

Fördern
Nach**A**haltigkeit
So**z**ial
Gleichbe**R**echtigung
Entscheidung
Richtig handeln

Hilfe
Ausland
Notwendig
Dringend
Unt**E**rstützen
Rein **L**eid

4. Was bedeutet Fairer Handel?

Arbeitsaufträge

Ihr habt jetzt einiges über die Voraussetzungen für Fairen Handel und seine Bedeutung für die globale Gerechtigkeit erfahren. Wie steht ihr dazu? Ist euch das Thema bisher in eurem Alltag begegnet? Ist beispielsweise Lohngerechtigkeit ein Motiv, wenn ihr einkauft?

1. Gerechtigkeit im Alltag

Wo ist euch bislang das Thema Gerechtigkeit im Leben begegnet? Wo und wann habt ihr euch mit eurer Arbeit/Leistung schon mal richtig ungerecht behandelt gefühlt oder bei anderen Personen Ungerechtigkeit erlebt?

Findet gemeinsam fünf Beispiele.

_____ Aufgabe

Situation	Was war ungerecht
Beispiel: In der Familie	Mein Bruder hat fürs Rasenmähen Geld bekommen und ich nicht

2. Gerechte Produktion

Bei welchen Produkten im Handel schätzt ihr die globale Gerechtigkeit niedrig, bei welchen hoch ein?

Nehmt fünf Produkte eurer Wahl und versucht, sie dementsprechend einzuordnen!

_____ Aufgabe

Produkt	Niedrig	Keine Ahnung	hoch

3. Lokale Gerechtigkeit

Wie sieht es denn mit der lokalen Gerechtigkeit aus? Ihr habt sicher schon von den Protesten der Milchbäuer*innen in Deutschland gehört. Auch hier gibt es Landwirt*innen, die von ihrer Arbeit nicht mehr leben können. Zur Verdeutlichung könnt ihr ein kleines Rollenspiel durchführen.

Rollenspiel: Wer verdient wie viel an der Milch? ———————— **Aufgabe**

Stellt euch vor, ihr seid Akteure einer Handelskette für lokale Milch. Der aktuelle Preis, den ihr beim Verkauf im Laden für einen Liter Milch bekommt, liegt bei 55 Cent. Die Tabelle erklärt euch, welche Leistung jeder Akteur erbringt. Den anteiligen Preis, die die Akteure bekommen, seht ihr nicht – den kann nur eure Lehrkraft auf der Kopiervorlage sehen.

Nehmt euch in eurer Gruppe nun 55 Büroklammern oder etwas anderes in dieser Größe und geht durch, welche Leistungen in der Produktions- und Lieferkette von einem Liter Milch anfallen. Versucht, die 55 Büroklammern so auf die Akteure zu verteilen, wie ihr es gerecht und angemessen findet.

Wenn ihr fertig seid, lasst euch von eurer Lehrkraft die richtigen Zahlen geben! Vergleicht dann eure Verteilung mit den Werten in der Tabelle. Diskutiert das Ergebnis in der Gruppe und überlegt, ob ihr die Verteilung gerecht findet und wie ihr die Situation für alle Akteure verbessern könntet.

Leistung	Akteur	Beschreibung
Mehrwertsteuer 7 % auf Lebensmittel	**Staat** 3,85 Cent	
	Overhead (Verwaltung/ Marge) 0,5 Cent	Wirtschaftsbegriff für fixe (feste) Kosten oder Gemeinkosten
Von der Molkerei bis zum Einzelhandel, variiert je nach Länge des Transports	**Lagerhaltung/Logistik** 2-3 Cent	
	Verpackung 8,5 Cent	Karton und Schraubdeckel, Umverpackung für große Gebinde
Energie, Wasser, Reinigungsmittel, Personal, Produktion, Abfüllanlage	**Molkerei** 8,0 Cent	
	Grüner Punkt 1,6 Cent	Entsorgungsgebühr für Duales System Deutschland DSD
Handel, Logistik, Handlungskosten, Kühlung, Gewinn, Marge	**Einzelhandel** 6,3 Cent	
	Bauer 23,1 Cent	Produktion, Anschaffung und Kosten für Tiere, Futter, Stall mit Unterhalt und sämtlichen Energiekosten, Medikamente, Tierarzt, Weide, Maschinen, Treibstoff, Personal, Melken, Betriebsführung

Tabelle:
Grundlage dieser Tabelle ist ein Literpreis von 55 Cent. Dieser Wert stammt noch aus dem Jahr 2015. Der Preis fiel 2016 noch weiter und lag bei den Discountern nur noch bei 46 Cent für einen Liter frische Vollmilch mit 3,5 % Fett. Deckt die 3. Spalte der Tabelle zunächst ab!

———————— **Aufgabe**

Notiert eure Erkenntnisse auf Plakaten. Stellt die Ergebnisse in der Klasse kurz vor und hängt sie anschließend als Wissensgalerie an die Wand eures Klassenzimmers.

Wissensgalerie Gruppe 4

Wie erkenne ich Fairen Handel? Kleine Siegelkunde

Um die Herkunft der fair gehandelten Produkte transparenter zu machen, gibt es zahlreiche Siegel und Zeichen auf dem Markt. Teilweise haben Unternehmen sehr hohe Standards, die über die Mindeststandards hinausgehen, manche schließen auch Kriterien zum biologischen Anbau mit ein. Es gibt schon zahlreiche Produkte, die einen Fair-Handelsanteil von 100 % haben, bei anderen kann der Anteil auch nur bei 20 % liegen. Fairtrade International, die das bekannte Fairtrade-Siegel vergibt, hat beispielsweise 2011 den Mindestanteil fair gehandelter Zutaten für Mischprodukte im Fairen Handel auf 20 % gesenkt. Dort reicht also ein Anteil fair gehandelter Rohwaren von 20 %, um das Fairtrade-Siegel zu erhalten. Was bedeutet das für die Marke und die Philosophie von Fair Trade? Weniger strenge Anforderungen werden häufig damit begründet, dass Fair Trade einer breiten Öffentlichkeit zugänglich gemacht werden soll. Es sollen möglichst viele Verbraucher*innen mit erschwinglichen Preisen auch im Discounter erreicht werden – und nicht nur eine relativ kleine Gruppe im Fachhandel. Andere Fair-Handelsakteure haben höhere Standards und kennzeichnen dies mit firmeneigenen Zeichen. Mehr zu den verschiedenen Siegeln erfährst du in der Siegelkunde.

Was ist ein Siegel? Ein Siegel oder Label dient den Verbraucher*innen als praktischer Ratgeber beim Einkauf. Im herkömmlichen Sinn beglaubigt ein Siegel Urkunden oder stellt die Unversehrtheit von Gegenständen sicher. Im übertragenen Sinne sind Siegel eine Garantie für bestimmte Produkteigenschaften. Siegel werden von unabhängigen Prüf- bzw. Zertifizierungsstellen vergeben, wenn vorgegebene Standards eingehalten wurden.

Im Gegensatz zu Siegeln können Zeichen bzw. Label von den Unternehmen selbst entwickelt und genutzt werden. Die Unternehmen können sich beispielsweise mit ihren Zeichen höhere Standards als die des unabhängigen Siegels auferlegen und sich dementsprechend von der Zertifizierung abheben. Zeichen können allerdings auch niedrigere Standards bei der Umweltverträglichkeit und den sozialen Anforderungen bescheinigen. Was steht hinter der bunten Vielfalt an Zeichen und Siegeln? Welche bilden wirklich Fairen Handel ab? Informiert euch!

Tipp:
Recherchiert die Zeichen und Siegel im Internet.
Ihr könnt sie ausdrucken und zur besseren Übersicht in die Tabelle kleben.

Mehr über Label, Zeichen und Gütesiegel findest du unter:
www.label-online.de / www.siegelcheck.nabu.de / www.umweltbundesamt.de/umwelttipps-fuer-den-alltag/siegelkunde / https://utopia.de/0/produktguide/siegel / https://suchdichgruen.de/bio-siegel/

Fairtrade 	In Deutschland wird das Fairtrade-Siegel von TransFair e. V. vergeben. Der gemeinnützige Verein ist als nationale Siegelinitiative Mitglied von Fairtrade International, die die Fairtrade-Standards entwickeln. Die Vergabe des Fairtrade-Siegels erfolgt auf der Grundlage von Lizenzverträgen. Das heißt, um Produkte mit dem Fairtrade-Siegel kennzeichnen und verkaufen zu dürfen, ist bei Fairtrade Deutschland eine Lizenz zu erwerben und es müssen Lizenzgebühren bezahlt werden. Das Fairtrade-Siegel ist ein reines Produktsiegel. Es trifft keine Aussagen über die anderen nicht ausgezeichneten Produkte oder über die sonstigen Handels- und Sozialpraktiken eines Unternehmens. Damit ein Mischprodukt das Fairtrade-Siegel tragen darf, müssen alle Zutaten, die als Fairtrade-Rohstoffe verfügbar sind, aus Fairtrade-Quellen bezogen werden. Zusätzlich zu dieser Regelung muss der Anteil aller Fairtrade-Zutaten, gemessen am Normalgewicht/-volumen des Endprodukts, mindestens 20 % ausmachen.
World Fair Trade Organization (WFTO) 	Die World Fair Trade Organization (WFTO) ist die internationale Dachorganisation für Fair-Handelsorganisationen in rund 75 Ländern aller Kontinente. Das WFTO-Garantiesystem überprüft seine Mitglieder gemäß den zehn WFTO-Prinzipien für Fairen Handel. Dazu gehören unter anderem Transparenz und Verantwortlichkeit, Chancen für wirtschaftlich benachteiligte Produzentinnen und Produzenten, Bildungs- und politische Arbeit. Das Monitoring-System für die Mitglieder erhöht die Transparenz und Glaubwürdigkeit der Fair-Handelsorganisationen. Das WFTO-System bewertet die Organisation als Ganzes und besteht aus mehreren Komponenten, u. a. einer ausführlichen Selbstauskunft und einer externen Prüfung durch einen Auditor oder eine Auditorin.

GEPA fair + 	Als Pionier des Fairen Handels ist es das Ziel der GEPA, über die allgemeinen Fair-Handelskriterien hinauszugehen. Dazu gehören u. a. faire Preise, Vorfinanzierung und Beratung für die Partner und ein möglichst hoher Fair-Handelsanteil: Viele Schokoladenprodukte enthalten bereits zu 100 % fair gehandelte Zutaten. Insgesamt enthalten 70 Prozent der Mischprodukte jeweils über 75 % fair gehandelte Zutaten. Die Zertifizierung der Produkte erfolgt durch externe Institutionen wie Fairtrade International (FLO), „Naturland Fair" und „Fair for life" von IMO (Institute for Market Ecology, www.imo.ch). Als Gründungsmitglied der World Fair Trade Organization (WFTO) hat sich die GEPA dem neuen WFTO-Garantiesystem unterzogen und dafür das Zertifikat „Guaranteed Fair Trade Organization" erhalten.
El Puente 	El Puente ist ein Pionier unter den Fair-Handelsakteuren und engagiert sich über die allgemeinen Fair-Handelskriterien hinaus. Das Unternehmen vertreibt seine Ware überwiegend in Welt-Läden und setzt auf das Vertrauen der Kund*innen in diese Fachgeschäfte. El Puente verfolgt bei Mischprodukten die Maßgabe, einen Mindestanteil von 51 % aus Fairem Handel nicht zu unterschreiten. Mitgliedschaft bei WFTO (World Fair Trade Organization), zertifiziert über das Monitoringprogramm der WFTO, das WFTO-Garantiesystem.
Rainforest Alliance certified 	Dieses Siegel wird verliehen, wenn ein Produkt die Kriterien der Nicht-Regierungsorganisation „Netzwerk für eine nachhaltige Landwirtschaft" erfüllt. Die Kriterien berücksichtigen den Umweltschutz, soziale Verantwortung und Wirtschaftlichkeit. Ausgezeichnet werden z. B. Kaffee, Kakao, Bananen, Zitrusfrüchte, Blumen und Grünpflanzen. Das Siegel zertifiziert keine klassischen Fair-Handelsaspekte.
UTZ Certified Good inside 	Das Siegel geht vom privatwirtschaftlichen Standard GlobalGap, früher EurepGAP, für gute landwirtschaftliche Praxis, vor allem für Umweltverträglichkeit und effiziente Bewirtschaftung aus. Hierbei liegt die Aufmerksamkeit auf Agrarmanagement, ökologischer und sozialer Verantwortung. Ehemals von guatemaltekischen Kaffeeproduzenten und einem niederländischen Röster gegründet. UTZ gewährleistet den Produzenten keine Preisgarantie oder einen Mindestpreis. Das Siegel zertifiziert keine klassischen Fair-Handelsaspekte.
Hand in Hand Organic Rapunzel Fairtrade 	Firmeneigenes Fair-Handelszeichen des Naturkostunternehmens Rapunzel. Wird nur von Rapunzel oder mit dessen ausdrücklicher Genehmigung für Produkte verwendet. Bei Monoprodukten mit nur einer Zutat (z. B. Kaffee), die das „Hand in Hand"-Siegel tragen, stammen 100 % der Zutaten von „Hand in Hand"-Lieferanten. Mischprodukte (z. B. Schokolade) tragen das Siegel nur dann, wenn über 50 % der Zutaten von „Hand in Hand"-Lieferanten stammen und nach den „Hand in Hand"-Kriterien fair bezogen wurden. Gleichzeitig auch ein Bio-Siegel.
Fairglobe (Lidl) oder One World (Aldi Süd) 	Fairglobe ist das firmeneigene Fair-Handelszeichen von Lidl. Die Ware ist fest im Sortiment. Lizenznehmer von TransFair e. V. One World ist eine Eigenmarke der Unternehmensgruppe Aldi Süd. Unter der Marke wird hauptsächlich Kaffee angeboten, der nach den Richtlinien des Fairtrade-Standards von TransFair e. V. produziert wird.
Naturland Fair 	Naturland Fair ist das Fair-Handelssiegel von Naturland. Das Zeichen auf der Verpackung eines Produkts belegt, dass ein Produkt nach den ökologischen Kriterien von Naturland angebaut und verarbeitet wurde und außerdem fair gehandelt ist. Voraussetzung für die Zertifizierung ist eine gültige Naturland-Öko-Zertifizierung. Sowohl ökologische als auch Fair-Handelskriterien werden in einem Arbeitsgang überprüft. Durch Naturland Fair haben auch Bäuer*innen, Verarbeiter*innen und Händler*innen im Norden die Möglichkeit, sich nach Fair-Handelsrichtlinien zertifizieren zu lassen.

BanaFair		BanaFair vertreibt hauptsächlich Bananen von Kleinbäuer*innen aus Lateinamerika und unterstützt dort viele soziale Projekte. BanaFair ist eine entwicklungspolitische Non-Profit-Organisation mit drei Arbeitsschwerpunkten: Bildungs- und Öffentlichkeitsarbeit, Fairer Handel mit Kleinbäuer*innen sowie finanzielle Unterstützung von Partnerorganisationen in Lateinamerika und in der Karibik.
contigo		Das Unternehmen hat ebenfalls ein eigenes Zeichen für Fairen Handel: Fair Trade by contigo. Contigo arbeitet mit seinen Partnern auf der Basis der zehn Grundsätze für Fairen Handel zusammen. Audit und Akkreditierung erfolgen durch den deutschen Weltladen-Dachverband.
GOTS – Textilien		Dieses Siegel hat zum Ziel, ökologische und soziale Standards für Textilien von der Ausgangsfaser bis zum Endprodukt zu definieren. Das GOTS-Zertifikat bezieht sich auf alle Herstellungs-, Transport- und Nutzungsphasen von Textilien. Auch die sozialen Bedingungen im Bereich der Lieferkette sind Teil des Siegels, hier müssen die Mindestkriterien der Internationalen Arbeitsorganisation (ILO) eingehalten werden. Kriterien reichen über gesetzliche Vorgaben hinaus.
OEKO-TEX® Standard 100		Unabhängiges Prüf- und Zertifizierungssystem. Produkte mit diesem Siegel sind schadstoffgeprüft nach OEKO-TEX® Standard 100. Die Herstellungsbedingungen untersucht Oeko-Tex 100 nicht. Eine darüber hinausgehende OEKO-TEX® STeP-Zertifizierung schließt auch soziale Verantwortung und Arbeitssicherheit mit ein.
Flowerlabel		Ein Label für Schnittblumen, die mit bestimmten Sozial- und Umweltstandards produziert werden. Das Siegel wurde vom gemeinnützigen Verein FLP (Flower Label Program e. V.) an Blumenfarmen vergeben. Das Flower Label Program e.V. ist nicht mehr aktiv. Ein neues System soll ausgearbeitet werden.
Fair Wear Foundation, FWF		Fair Wear Foundation (FWF) ist eine Multi-Stakeholder-Initiative. FWF arbeitet gemeinsam mit ihren Mitgliedsunternehmen an der Verbesserung der Arbeitsbedingungen in der Textil- und Bekleidungsindustrie. Das Label trägt wesentlich zu Verbesserungen der Produktionsbedingungen von Textilien bei. Der Fokus der FWF liegt in der Lieferkette auf der Konfektion, also in der Verarbeitung von Stoffen zu Textilprodukten. Es legt keine ökologischen Standards fest.
WeltPartner		Alle Artikel die dieses Logo tragen gehören zum umfangreichen Sortiment, der dwp eG Fairhandelsgenossenschaft. Der Faire Handel der dwp eG setzt seit 1988 auf eine langjährige Zusammenarbeit mit weltweit 60 Produzenten- und Kleinbauernorganisationen. Persönliche Direktkontakte, zinsfreie Vorfinanzierung und durchgängige Fairhandelsketten sind dafür die Basis. Als aktiver Akteur der Fairhandelsbewegung engagiert sich dwp in öffentlichkeitswirksamen Kampagnen für die Belange der Produzenten.
Bio-Siegel (sechseckig) und EU-Bio-Logo (Euro-Blatt)		Das Bio-Siegel und EU-Bio-Logo kennzeichnen Produkte aus kontrolliert biologischem Anbau. Ziel ist die Förderung der biologischen Landwirtschaft über klar definierte gesetzliche Regelungen. Viele Fair-Handelsorganisationen bieten auch Bio-Produkte an. Die EU-Ökoverordnung umfasst keine Sozialstandards, das „Euro-Blatt" ist kein Kennzeichen für den Fairen Handel.

Arbeitsaufträge

1. Ihr habt jetzt die wichtigsten Siegel und Zeichen kennengelernt. Wie viele Fair Trade Siegel fallen euch auf Anhieb ein, die ihr regelmäßig beim Einkaufen seht? Notiert auf eurem Plakat mindestens fünf gängige Siegel bzw. Zeichen und für was diese jeweils stehen.

2. In der Tabelle unten sind fünf T-Shirts beschrieben. Sie unterscheiden sich in verschiedenen Kriterien. Macht euch ein möglichst realistisches Bild von den Kleidungsstücken!

T-Shirt	Preis	Siegel Fair	Siegel Bio	Design	Marke
1	24,99 €	Fair Wear	Bio Baumwolle	ohne Aufdruck	Hess Natur
2	29 €	GOTS	Bio Baumwolle	mit Aufdruck	armedangels
3	9,90 €	OEKO-TEX®	Kein Siegel	ohne Aufdruck	No name
4	9,90 €	Kein Siegel	Kein Siegel	mit Aufdruck	H & M
5	14,99 €	Kein Siegel	Kein Siegel	mit Aufdruck	Esprit

Versucht nun, zwei voneinander unabhängige Kaufentscheidungen zu treffen. Wählt beide Male ein T-Shirt aus und notiert die getroffene Entscheidung. Und das geht so:

Aufgabe

a) Sei ganz spontan!
Schaue dir die T-Shirts in der Tabelle noch mal kurz an. Welches T-Shirt würdest du spontan kaufen? Notiert euch eine T-Shirt-Nummer von 1 bis 5.

Die erste Entscheidung fällt auf T-Shirt Nr. _____ .

4. Was bedeutet Fairer Handel?

Aufgabe

b) Beim Kauf achtet ihr eventuell nicht nur auf das Aussehen, sondern auch auf bestimmte Kriterien wie Preis, Siegel, Design, Marke, Farbe. Dabei kann man ethische und Sachkriterien unterscheiden.

Ordnet die nachfolgenden Kriterien entsprechend zu:

Buchstaben der Sachkriterien: ☐ ☐ ☐

Buchstaben der ethischen Kriterien: ☐ ☐ ☐ ☐

Kaufkriterien

A: Funktionsfähigkeit – Ein neues Produkt, egal ob bio, konventionell oder Fair Trade (etwa ein neues Material aus Fair Trade Bambusfaser oder recycelten PET-Flaschen für Outdoor-Bekleidung), ist funktionsfähig, wenn es sich im Gebrauch als zuverlässig und dauerhaft erweist. Vielleicht soll es seine Funktion aber auch nur für einen Abend oder eine bestimmte Zeit erfüllen, zum Beispiel ein Partykleid oder der Bikini für den Urlaub.

B: Wirtschaftlichkeit – Bei diesem Kriterium sollen die Kosten im Verhältnis zum Nutzen eingeschätzt werden: Ist das Fair Trade- oder Marken-T-Shirt sein Geld wert?

C: Humanorientierung – Hier steht der Mensch im Vordergrund: Schadet der Herstellungsprozess eines Produktes dem menschlichen Leben oder wird das Wohlergehen gefördert? Sind die Arbeitsbedingungen der Produzenten sozial verträglich?

D: Zukunftsorientierung – Haben moderne Techniken in Anbau und Produktion oder die Entwicklung neuer umweltfreundlicher Materialien Folgen für das Leben in der Zukunft? Bei diesem Kriterium geht es um die Bewahrung oder Verbesserung der Lebenschancen zukünftiger Generationen.

E: Sicherheit – Von neuen Technologien und höheren Umweltstandards erwarten wir, dass die Gesundheit der Produzent*innen und derjenigen, die das Kleidungsstück auf der Haut tragen, geschont werden.

F: Sozialorientierung – Sie beschreibt die Wirkung der Herstellungsprozesse auf die Gesellschaft. Sozial förderlich sind Technologien, die das gemeinsame Leben verbessern helfen.

G: Umweltorientierung – Hier werden die Folgen betrachtet, die die Herstellung des Produktes auf die Umwelt hat.

c) Nehmt diese Kriterien nun zur Hilfe, wenn ihr eure zweite Kaufentscheidung trefft. Hierfür könnt ihr pro Spalte 5 Punkte vergeben. Ist euch beispielsweise der günstige Preis von 9,90 € am wichtigsten, dann notiert dort 5 Punkte. Ist für euch jedoch auch der Preis von 14,99 in Ordnung, könnt ihr die Punkte aufteilen – drei Punkte für den günstigen Preis; zwei Punkte für den etwas höheren.

So geht ihr bei jeder Spalte vor (Preis, Siegel Fair, Siegel Bio, Design, Marke). Welches Siegel ist euch besonders wichtig? Das T-Shirt mit den meisten Punkten würdet ihr nach objektiven, gut durchdachten Kriterien kaufen.

Notiert wieder eure Entscheidung – eine T-Shirt-Nummer von 1 bis 5.

Die zweite Entscheidung fällt auf T-Shirt Nr. ☐

Jetzt habt ihr zwei Kaufentscheidungen getroffen. Schaut, ob sich die Ergebnisse unterscheiden.

Aufgabe

Notiert eure Erkenntnisse auf Plakaten. Stellt die Ergebnisse in der Klasse kurz vor und hängt sie anschließend als Wissensgalerie an die Wand eures Klassenzimmers.

Lösung: Buchstaben der Sachkriterien: A, B, E
Buchstaben der ethischen Kriterien: C, D, F, G

4. Was bedeutet Fairer Handel?

Unterrichtstipps für Lehrkräfte

Entwicklung eigener Produkte nach den Kriterien der Nachhaltigkeit

Nachdem die Schüler*innen die Prinzipien des Fairen Handels kennengelernt haben, möchten sie eventuell eigene faire Produkte anbieten. Aber welche?

Die nachfolgende Einheit unterstützt bei der Entwicklung neuer Ideen unter Berücksichtigung der Prinzipien von Nachhaltigkeit!

Nachhaltigkeit bzw. nachhaltiges Wirtschaften beruht darauf, dass ein Unternehmen nach sozialen und ökologischen Kriterien handelt und wirtschaftlich erfolgreich ist. Die Produkte und Dienstleistungen sollen zu einer nachhaltigen Entwicklung beitragen. Das bedeutet, dass sie die Lebensgrundlage künftiger Generationen sicherstellen und mehr soziale Gerechtigkeit zwischen dem Norden und dem Süden schaffen.

Sowohl für die eigene Mitarbeit wie auch für die Zulieferer überall auf der Welt muss es gute Arbeitsbedingungen und faire Löhne geben.

Die natürlichen Ressourcen sollen effizient genutzt werden, umwelt- und gesundheitsschädliche Inhaltsstoffe sollen vermieden werden.

Die Produkte und Dienstleistungen eines nachhaltig wirtschaftenden Unternehmens fördern im Idealfall lebenswerte Bedingungen und dienen der Ausrichtung der globalisierten Wirtschaft hin zu einer nachhaltigen Wirtschafts- und Lebensweise.

Detaillierter Ablauf

Jetzt sind die Schüler*innen an der Reihe:

Sie werden in Gruppen eingeteilt und entwickeln gemeinsam neue Ideen für die Schülerfirma. Dabei sollen sie den Gedanken der Nachhaltigkeit berücksichtigen.

Folgende Überlegungen dürfen hierbei nicht fehlen. Notieren Sie diese an der Tafel, damit alle Schüler*innen sie sehen:

- Welche Zielgruppe möchtet ihr erreichen?
- Bei aller Kreativität – die Idee sollte realisierbar sein.
- Das Vorhaben sollte nicht der Umwelt schaden, sondern sie entlasten.
- Soziale Standards sollten eingehalten werden.

Am Ende bilden alle Gruppen die Jury und können ein Startkapital an diejenige Gruppe vergeben, deren Produkt sie überzeugt hat.

Benötigte Zeit: 120 Minuten

Anzahl der Schüler*innen: 30

Materialbedarf: Computerraum, Arbeitsblätter (Kopiervorlagen in dieser Veröffentlichung), Flipchart, Stifte

Arbeitsblätter für Schüler*innen

Entwickelt euer eigenes nachhaltiges Produkt

Ihr habt nun viele Informationen zum komplexen Thema nachhaltiges und faires Wirtschaften, der Bedeutung und Wirkung von Marken und Fair Trade bekommen. Ihr habt auch gelernt, wie groß der Widerspruch zwischen nachhaltigem Wirtschaften und wirtschaftlichem Erfolg sein kann. Daher seid ihr jetzt als junge Fair Trade Botschafter gefragt, den Weg für eure Ideen zu bereiten:

Als Gedankenstütze für die kommende Aufgabe hier noch einmal zusammengefasst die Kriterien der Nachhaltigkeit und des Fairen Handels:

Kriterien der Nachhaltigkeit

nachhaltig wirtschaften

- so leben und wirtschaften, dass die Lebensgrundlage zukünftiger Generationen sichergestellt ist
- Gerechtigkeit zwischen dem Norden und dem Süden herstellen

ökologisch, sozial und wirtschaftlich handeln

- ökologisch: unsere Rohstoffe und den Lebensraum schonen, Nutzung erneuerbarer Energien, Verminderung von Umweltschäden
- sozial: das Wissen und die Fähigkeiten aller Mitarbeitenden und ihre sozialen Beziehungen untereinander für den Arbeitsprozess angemessen und fair nutzen
- ökonomisch: das Kapital erhalten und erweitern

Kriterien des Fairen Handels

- gerechte Bedingungen und faire Löhne für Kleinbäuerinnen und -bauern sowie Arbeiterinnen und Arbeiter
- Chance auf Bildung
- Familien sollen mit ihrer Arbeit ihren Lebensunterhalt selbst verdienen können
- Rechte stärken und Lebensalltag verbessern
- Verbesserung der medizinischen Versorgung und der Wohnsituation
- Preis- und Mengengarantien bei der Abnahme von Erzeugnissen

1. Jetzt seid ihr gefragt!

a. Arbeitet nun in Gruppen als Fair Trade Botschafter zusammen. Jede Gruppe soll ein neues nachhaltiges Produkt auf den Markt bringen oder eine neue Idee für eine Dienstleistung entwickeln.

Eurer Kreativität sind keine Grenzen gesetzt! Das Projekt sollte aber umsetzbar sein.

Denkt daran:

Wer ist eure Zielgruppe?
Wie teuer wird euer Angebot für die Käufer*innen?

b. Überlegt euch zu jedem Produkt, wie ihr eure Freunde, Klassenkameraden, Eltern davon überzeugen könntet, es zu kaufen. Wie müsste euer neues Angebot beworben werden, damit es euch selbst anspricht? Welche Botschaft und welche Gefühle sollen vermittelt werden? Entwerft eine Botschaft an eure Käufer.

c. Überlegt euch, wen ihr als Geldgeber ansprechen könntet, der euch ein Startkapital zur Verfügung stellt.

2. Produktpräsentation

Präsentiert euch gegenseitig eure gerade entwickelten Produkte!

Stellt euch vor, dass ihr von den anderen Gruppen ein Startkapital haben möchtet. Jeder Gruppe stehen 2.000 Euro zur Ausschüttung zur Verfügung. Hört euch alle Präsentationen an und entscheidet dann in der Gruppe, wem ihr wie viel Geld geben wollt. Ihr könnt die 2.000 Euro aufteilen, aber auch einer Gruppe komplett geben, wenn sie euch absolut überzeugt. Euch selbst könnt ihr natürlich kein Geld geben. Absprachen untereinander sind auch nicht erlaubt. Macht einen echten und fairen Wettbewerb aus eurer Produktvorstellung.

Die Gruppe mit dem meisten Startkapital hat gewonnen und könnte ihr Projekt umsetzen.

4. Was bedeutet Fairer Handel?

Arbeitsblatt in einfacher Sprache

Unsere Schülerfirma handelt nachhaltig und fair!

Was bedeutet Nachhaltigkeit?

Nachhaltigkeit soll gewährleisten, dass Menschen in der Zukunft ihre Bedürfnisse genauso gut befriedigen können, wie wir es heute tun. (1) Umweltbewusstsein (Ökologie), (2) verantwortungsbewusstes Wirtschaften (Ökonomie) und (3) Handeln für alle Menschen (Soziales) sind die Voraussetzung dafür.

(2) Verantwortungsvolles Wirtschaften (Ökonomie)

Die Menschen sollten auch an andere Menschen denken. Für Arbeit sollten faire Löhne gezahlt werden. Kinder sollten nicht arbeiten müssen.

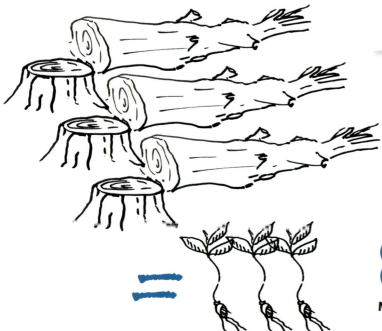

Beispiel: Es sollen nur so viele Bäume gefällt werden, wie auch wieder nachwachsen können.

(3) Handeln für alle Menschen (Soziales)

Menschliches Handeln bedeutet:

- Möglichkeit zur Bildung für alle Menschen
- Gerechtigkeit zwischen Mann und Frau
- Wohlstand für alle Menschen auf unserer Erde
- Bekämpfung von Armut

(1) Umweltbewusstsein (Ökologie)

Wir achten darauf, dass die Produkte möglichst auf natürliche Weise angebaut und dass Tiere verhaltensgerecht gehalten werden.

Manches Obst wächst nur in warmen Ländern und muss einen langen und teuren Weg zurücklegen, um in Deutschland verkauft zu werden – das führt z. B. zur Verschmutzung der Umwelt.

Deshalb:
Produkte besser regional, saisonal und wenn möglich in Bio-Qualität einkaufen.

4. Was bedeutet Fairer Handel?

(4) Fairer Handel

Fairer Handel – das sind zwei Worte. Das Wort „Handel" wollen wir zunächst klären.

Ein Handel ist ein Geschäft zwischen zwei oder mehreren Menschen: Einer möchte etwas verkaufen, vielleicht eine Ware, die er hergestellt hat. Ein anderer möchte etwas kaufen. Wenn sich die beiden über den Preis einig werden, kann der Handel stattfinden.

Bevor es Geld gab, haben die Menschen Ware gegen Ware getauscht. So gab man das ab, was man hatte, und bekam das, was man brauchte. Das geht aber nur, wenn die Wünsche der Leute zusammenpassen. Durch Geld wird der Handel einfacher, da man es gegen alles eintauschen kann.

Fair ist der Handel, wenn beide Parteien zufrieden sind und genug Geld für die Ware bezahlt wird. Denn alle Menschen brauchen Geld für sich und ihre Familie, um ihre Wohnung, ihre Kleidung und das Essen zu bezahlen. Auch Schulbildung ist sehr wichtig, damit man später etwas hat, mit dem man Geld verdienen kann.

Niemand soll in Armut leben.

Deswegen sollen alle, die beim Fairen Handel mitmachen, auch zufrieden sein. Sie können gemeinsam entscheiden, was sie tun. Sie legen außerdem fest, dass sie nicht nur einmal kurz, sondern viele Jahre miteinander arbeiten und handeln werden. Das nennt man dann eine gute Partnerschaft.

Überlegt nun, welche Situationen ihr fair/gerecht oder unfair/ungerecht findet.

Diese Situation finde ich:

Fair	Unfair
____	____
____	____
____	____

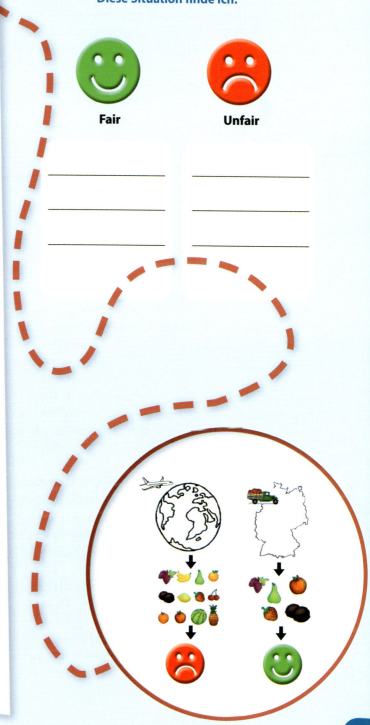

4. Was bedeutet Fairer Handel?

5. Marketing in Schülerfirmen

Prof. Oliver Roll (Hochschule Osnabrück) und Jana von Höne

Was ist Marketing und warum ist es unerlässlich

Der Begriff Marketing, der in Deutschland in den 1960er-Jahren nach und nach die bis dahin verbreiteten Begriffe Absatzwirtschaft bzw. Absatzpolitik ablöste, umfasst heute viel mehr als ein einziges absatzpolitisches Instrument, wie z. B. den Verkauf von Gütern. Wenngleich sich das Marketingverständnis über die Jahrzehnte hinweg weiterentwickelt hat und eine Vielzahl von Definitionen sowie Interpretationen zu finden sind, wird Marketing grundsätzlich als ein Konzept zur optimalen Befriedigung von Käuferwünschen verstanden.

Das Ziel ist eine Austauschbeziehung zwischen Anbieter*in und Konsument*in, die BEIDEN Seiten Vorteile bringt. Fälschlicherweise werden mit Marketing oftmals überfüllte Briefkästen und lästige Fernsehspots assoziiert. Richtig verstandenes Marketing setzt schon lange vor dem Verkauf eines Produktes oder einer Dienstleistung ein. Aufgabe der Marketingverantwortlichen ist es, zunächst die Bedürfnisse potenzieller Kund*innen zu identifizieren und zu verstehen und anschließend ein Produkt oder eine Dienstleistung anzubieten, die optimal auf die Kundenwünsche ausgerichtet ist. Wenn zusätzlich aussagekräftige und ansprechende Kommunikation betrieben wird, stellt der Verkauf keine allzu große Hürde mehr dar.

Somit ist Marketing nicht nur für große Unternehmen und Dienstleister ein wichtiges und unerlässliches Instrument, sondern auch Schülerfirmen profitieren davon. Vor allem bei dem Verkauf von fair gehandelten Produkten, welche oftmals in direkter Konkurrenz zu Produkten der Schul-Cafeteria, der umliegenden Supermärkte und spezialisierter Bio-Läden stehen, ist ein gutes Marketingverständnis von zentraler Bedeutung. Nachhaltigkeit und Fair Trade Zertifikate können hierbei als zentrale Alleinstellungsmerkmale genutzt werden.

Beispielsweise besteht für einen Laien womöglich kein gravierender Unterschied zwischen einem Fair Trade Schokoriegel und einem „normalen" Schokoriegel, außer dass letzterer häufig durch einen niedrigeren Preis hervorstechen kann. Somit ist die Schaffung eines Mehrwerts durch andere Eigenschaften notwendig, begleitet von entsprechenden Kommunikationsmaßnahmen.

> Das nachfolgende Marketingkonzept für Schülerfirmen wurde in Zusammenarbeit mit Studierenden der Hochschule Osnabrück unter der Betreuung von Prof. Oliver Roll (Fakultät Wirtschafts- und Sozialwissenschaften) im Seminar Erarbeitung eines Marketingkonzeptes für nachhaltige Schülerfirmen angefertigt. Es ist auf den Bereich Marketing und Nachhaltigkeit abgestimmt und sensibilisiert die Schüler*innen für diese beiden Bereiche.
>
> Marketingkonzept: Johanna Albers, Peter Puls, Nora Schulke, Martina Schütte, Jennifer Günzel, Franziska Albers, Lisa Steinmeier, Lisa Böhmer, Nadine Hahn, Theresa Helmig, Claudia Nippelt, Katrin Schnuck, Jana von Höne, Johanna Tente

Dies könnte beim Schokoriegel z. B. eine bessere Qualität sein; oder auch die Tatsache, dass für Produzent*innen bzw. Arbeiter*innen ein fairer Lohn und angemessene Arbeitsbedingungen gewährleistet werden.

Die wichtigsten Marketinginstrumente

Als die vier wichtigsten Marketinginstrumente gelten die vier P's, auch Marketing-Mix genannt. Die vier P's sind, wie auf Abb. 1 erkennbar, Product (Produkt), Price (Preis), Promotion (Kommunikation) und Placement (Platzierung, Distribution). Diese werden als taktisch steuerbare Werkzeuge aufeinander abgestimmt, um den Kund*innen das optimale Produkt zum richtigen Preis an der richtigen Stelle anzubieten.

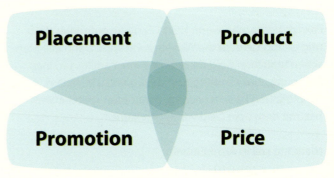

Abb. 1: Die vier P's

Im Bereich Product werden alle Eigenschaften bzw. Attribute eines angebotenen Produkts oder einer Dienstleistung definiert. Inbegriffen sind neben der Qualität und dem Design auch der Markenname, die Verpackung und der geleistete Kundendienst.

Der Bereich Price umfasst die Festlegung des Preises, den der Kunde oder die Kundin bereit ist, für ein Produkt oder eine Dienstleistung zu zahlen. Um den Preis attraktiver zu gestalten, werden teilweise Rabatte oder Nachlässe gewährt.

Promotion beschreibt Aktivitäten, welche darauf zielen, die Vorteile eines Produktes oder einer Dienstleistung an potenzielle Kund*innen zu kommunizieren. Dies kann beispielsweise durch Werbemaßnahmen, Verkaufsförderung oder Pressemitteilungen erreicht werden.

Placement beinhaltet Aktivitäten, die es den Kund*innen möglich machen, ein Produkt oder eine Dienstleistung tatsächlich zu erwerben. Dazu zählt insbesondere die Wahl der Vertriebswege, durch die das Produkt verkauft werden soll.

Um eine effektive und bestmögliche Wirkung des Marketing-Mix zu erreichen, ist eine gute Abstimmung der 4 P`s wichtig. Letztlich müssen Preis, Leistung, Kommunikation und Vertriebsweg ein einheitliches Bild ergeben.

Was bei Schülerfirmen zu beachten ist

Auch wenn Schülerfirmen nicht über die gleichen Ressourcen und Mittel wie große Unternehmen verfügen, kommen sie nicht darum herum, sich über das Marketing Gedanken zu machen – entweder explizit oder implizit. Die zentralen Fragen, welche Produkte verkauft werden sollen, was die Kund*innen eigentlich erwarten und wie man das Angebot bekannt machen kann, müssen beantwortet werden.

Mit den 4 P`s steht ein Bezugsrahmen zur Verfügung, der es Schülerfirmen erlaubt, sich systematisch mit allen notwendigen Themen des Marketings auseinanderzusetzen. Der Rahmen ist praktisch für alle Schülerfirmen einsetzbar, da fast alle Unternehmen sich mit den Themen Produktgestaltung, Preis, Kommunikation und Verkaufswege auseinandersetzen müssen. Letztlich liegt es an der Lehrperson, individuell entsprechend dem Lernstand der Schüler*innen zu entscheiden, wie differenziert die einzelnen Themen angegangen werden sollen. Von Schüler*innen der Oberstufe kann sicherlich erwartet werden, einen differenzierten Kommunikationsplan aufzustellen, während in der Mittelstufe eher grundlegende Fragestellungen behandelt werden.

Auch spielt die gemeinsame Erarbeitung von Alleinstellungsmerkmalen und Vorteilen eines Produkts oder einer Dienstleistung gegenüber Konkurrenzprodukten eine wichtige Rolle. Das Angebot der Schülerfirma sollte sich in mindestens einem wichtigen Punkt von den Wettbewerbsangeboten abheben. Ob dies letztlich der Preis, die Qualität, Fair Trade Siegel oder einfach nur die gute Erreichbarkeit sind, kann jede Schülerfirma selbstständig definieren.

Um die Kundenbedürfnisse ganz genau zu kennen und wirklich Angebote zu schaffen, die für die Kund*innen Nutzen stiften, kann zusätzlich Marktforschung (Fragebogen) durchgeführt werden.

Hier kann zum Beispiel auch ermittelt werden, ob ein Umsatzrückgang mit einem Nachlass der Qualität oder des Service, einem zu hohen Preis oder vielleicht auch nur mit den Öffnungszeiten zusammenhängt. Lässt der Rückgang Rückschlüsse auf einen zu hohen Preis zu, stehen wiederum verschiedene Instrumente zur Verfügung, die unnötige Kosten oder die Differenz zwischen dem tatsächlichen Preis und der Preisobergrenze der Kund*innen aufzeigen. Generell ist ein regelmäßiger Einsatz von Marktforschungsaktivitäten, wie einem Fragebogen, ratsam. Das dient zur regelmäßigen Überprüfung der Qualität von Schülerfirma und Produkten bzw. Dienstleistungen. Zusätzlich werden wechselnde Trends oder Bedürfnisse der Kund*innen sichtbar, die, wenn darauf eingegangen wird, eine langfristige Kundenzufriedenheit gewährleisten können.

Grundsätzlich stellt das Marketing ein umfangreiches Instrumentarium zur Verfügung, um das Angebot einer Schülerfirma zu verbessern. In den nachfolgenden Templates sind die wichtigsten Punkte auf schülergerechte Art vereinfacht und können entsprechend direkt oder mit eigenen Anpassungen im Unterricht eingesetzt werden.

Weiterführende Literatur

Bruhn, M. (2016): Marketing: Grundlagen für Studium und Praxis. 13. Aufl., Wiesbaden.

de Haan, G. (2013): Nachhaltige Schülerfirmen. Gründen – Umsetzen – Gestalten. Berlin.

Homburg, C. (2016): Grundlagen des Marketingmanagements: Einführung in Strategie, Instrumente, Umsetzung und Unternehmensführung. 5. Aufl., Wiesbaden.

Rennhak, C./Opresnik, M. O. (2015): Marketing: Grundlagen (Studienwissen kompakt). Wiesbaden.

Schelzke, A./Mette, D. (2008): Schülerfirmen. Unternehmerisches Denken und Handeln im Spannungsfeld Schule – Wirtschaft. Berlin.

Arbeitsblätter für Schüler*innen

Das Firmen- bzw. Genossenschaftslogo

Ein gutes Firmenlogo ist besonders wichtig, damit man euch nach außen wiedererkennt und ihr euch mit dem Unternehmen verbunden fühlt. Dazu sollte es euch gefallen und einen Bezug zu eurer Geschäftsidee haben. Das Thema Nachhaltigkeit kann ins Design einbezogen werden. Dabei ist es vor allem hilfreich, passende Naturfarben zu wählen (wie z. B. grün, blau und braun).

Versucht, die Markenidentität eurer Schülerfirma aufzuschreiben. Hierfür müssen wir erst herausfinden, was Markenidentität ist.

> **Markenidentität ist das, was aus eurer Sicht den Charakter einer Marke widerspiegelt.**
>
> **Markennutzen:**
> Was ist das Leistungsversprechen der Marke?
> (bspw. gesunder Pausensnack; eigene Herstellung; schnelle Reparatur)
>
> **Markeneigenschaften:**
> Über welche Eigenschaften verfügt die Marke?
> - Eigenschaften der Angebote (Produkte, Preise, Qualität)
> - Eigenschaften des Unternehmens (Mitarbeitende, Größe)
>
> **Wie ist die Persönlichkeit der Marke?**
> Stellt euch die Marke als Mensch vor. Wie würdet ihr sie beschreiben? Am besten gelingt dies mit Adjektiven.
>
> **Markenbild:**
> Wie tritt die Marke nach außen auf?
> Beschreibt alles, was ihr sehen könnt. Hierzu gehören Farben, Bilder, Slogans.

— **Aufgabe**

Macht euch nun Gedanken zu eurer Markenidentität. Wie wollt ihr in der Schule wahrgenommen werden?

1. Welchen Nutzen bieten eure Schülerfirma und eure Produkte? *(Beispiel: Bedürfnisbefriedigung durch die Verwendung der Produkte, z. B. Kauf eines Pullovers, damit einem warm ist; oder Pausensnacks für den kleinen Hunger)*

2. Über welche Eigenschaften verfügt eure Schülerfirma? *(Beispiel: positives Gefühl beim Kauf und Nutzen des Produktes, z. B. Kauf eines Schulpullovers als Gefühl von Zugehörigkeit; Produkte aus nachhaltiger, fairer Produktion für den Genuss ohne schlechtes Gewissen)*

3. Welche Persönlichkeit, welche „Charakterzüge" werden eurer Firma zugeschrieben? *(Beispiel: Zuverlässigkeit, jung und dynamisch)*

4. Bei der Erstellung eines Markenbildes (Logo, Motto, Slogan) solltet ihr jetzt fünf Grundsätze beachten:

Erläuterung der Grundsätze

1. Das Logo entspricht dem Unternehmen

Das Logo sollte so gestaltet werden, dass die Branche und die Tätigkeit der Firma erkennbar sind und somit eine Zuordnung stattfinden kann (Erinnerung an die Besonderheit des Produktes: z. B. nachhaltige Produktion). Am besten sollten auch die Einstellung der Firma und deren Grundsätze beachtet werden, um ein noch besseres Image zu erreichen.

2. Einfach und verständlich

Das Logo sollte bei Veränderung der Größe immer klar lesbar sein. Genauso wichtig ist, dass es einfach gestaltet ist und keine falschen Assoziationen übermittelt. Hierzu gehört auch die Wahl der Farben und der Schriftform.

3. Leichte Merkbarkeit und Einzigartigkeit

Das Logo muss einen hohen Wiedererkennungswert besitzen und auch nach kurzer Betrachtung einprägsam sein.

4. Das Logo ist reproduzierbar

Um Werbung für die Firma zu gestalten, sollte das Logo auf jedem Dokument oder Objekt zu sehen sein. Hierfür muss sichergestellt werden, dass es individuell anpassbar ist.

5. Das Design ist zeitlos

Da angestrebt wird, das Unternehmen langfristig zu führen, muss das Logo zeitlos gestaltet sein, um auch in Zukunft noch die Firma zu repräsentieren.

Einfache Sprache für Schüler*innen

1. Das Logo zeigt eure Firma

Das Logo soll zeigen, was ihr herstellt oder verkauft. Wenn ihr z. B. Schreibwaren verkauft, kann das Logo einen Stift, ein Lineal oder ähnliche Sachen enthalten. Hier gibt es ganz viele Möglichkeiten.

Und der Name eurer Firma sollte auch im Logo auftauchen.

2. Das Logo ist einfach und verständlich

Euer Logo soll leicht zu erkennen sein. Wenn man das Logo sieht, sollte man direkt wissen, um was es sich handelt.

Schaut, welche Farben ihr benutzt oder welche Schriftart. Wichtig ist, dass man euer Logo immer erkennt und lesen kann.

3. Das Logo ist leicht zu merken und einzigartig

Wichtig ist, dass euer Logo immer gleich aussieht. So kann man es sich besser merken.

Auch soll euer Logo anders aussehen als andere Logos. So verwechselt man es nicht.

4. Das Logo muss überall drauf

Egal ob Verkaufsstand, Flyer, Internetseite oder in der Schülerzeitung: Euer Logo sollte auf jeder Werbung zu sehen sein.

5. Das Logo bleibt für lange Zeit gleich

Ein Logo kann man nicht jeden Monat ändern. Deshalb achtet darauf, dass euer Logo auch für die nächsten Jahre schön aussieht.

———————————— **Aufgabe**

Zeichnet hier euer Logo:

Vergesst nicht, passende Farben für eine nachhaltige, faire Schülerfirma oder -genossenschaft zu wählen!

Die Zielgruppe

Unterschiedliche Zielgruppen kaufen eure Produkte oder nehmen eure Dienstleistungen in Anspruch.

Macht euch Gedanken darüber:

Welche Gruppen erreicht ihr aktuell?

Welche Gruppen könntet ihr noch erreichen?

Welche Bedürfnisse haben die einzelnen Gruppen?

Da verschiedene Menschen verschiedene Bedürfnisse und Erwartungen an euch haben, helfen euch die folgenden Fragen bei der Durchführung der richtigen Marketingmaßnahmen! Ihr könnt so Zielgruppen genau bestimmen und erreichen.

Versucht die Merkmale eurer Zielgruppe zu definieren:

Das Alter, wie viel Geld hat die Gruppe ungefähr zur Verfügung, wie oft hat diese Gruppe bei euch gekauft (häufig, selten, bisher nie?)

Was denkt ihr: Welche Erwartungen könnte diese Zielgruppe an eure Firma haben?

Günstig? Gesund? Lecker? Nachhaltig? Gut erreichbar? Viel Auswahl? „Setpreise"? Kompetente Beratung?

Überlegt anschließend, wie ihr die Erwartungen eurer Zielgruppe erfüllen könnt. Welche neuen Produktideen oder Dienstleistungen fallen euch ein, um die Kund*innen von euch zu überzeugen?

Für Schüler*innen:

Für Lehrkräfte:

Für Eltern:

5. Marketing in Schülerfirmen

Tragt eure Überlegungen in die Tabelle ein.

_____ Aufgabe

	Schüler*innen	**Lehrkräfte**	**Eltern**
Merkmale dieser Gruppe	Alter: _____ Einstellungen: unterschiedlich Einkommen: Taschengeld Weiteres: _____ _____ _____ _____ _____ _____	Alter: _____ Beruf: Lehrkräfte Einkommen: Gehalt Einstellungen: unterstützen Schülerfirma Weiteres: _____ _____ _____ _____ _____	Alter: _____ Einkommen: Gehalt Einstellungen: viele finden Nachhaltigkeit wichtig und die Schülerfirma gut Weiteres: _____ _____ _____ _____ _____
Was könnte diese Zielgruppe für Erwartungen haben?	Schnelle Bedienung in den Pausen, möglichst günstig, _____ _____ _____ _____ _____ _____ _____	Große Auswahl, _____ _____ _____ _____ _____ _____ _____	Gesunde Produkte, _____ _____ _____ _____ _____ _____ _____

Marketinginstrumente

Die für einen bestimmten Zeitraum gewählte Kombination von Marketinginstrumenten nennt man Marketing-Mix. Diese Instrumente bestimmen die angebotenen **Produkte**, den **Preis**, die **Distribution** (Verkauf) und die **Kommunikation** mit den Kundinnen und Kunden.

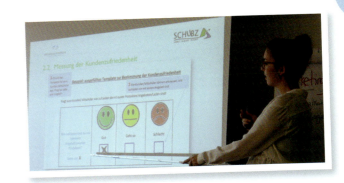

Eure Produkte

In der Produktpolitik entscheidet ihr darüber, welche Produkte ihr in eurer Schülerfirma überhaupt verkaufen wollt, also aus welchen Produktbereichen (z. B. Lebensmittel, Schulbedarf, Kleidung) und wie viele Produktvarianten ihr in einem Bereich anbieten möchtet (z. B. im Bereich Schulbedarf: Scheren, Kleber, Blöcke, Stifte usw.). Die Gesamtheit aller Produkte oder auch Service, den ihr anbietet, bilden euer Sortiment.

Zusätzlich entscheidet ihr, ob ihr neue Produkte einführen wollt, welche Produkte vielleicht verändert werden müssen und welche Produkte ihr nicht mehr anbieten wollt, weil ihr sie nicht verkauft bekommt.

Wenn ihr die Produkte selber herstellt, müsst ihr euch außerdem über die Produkt- und Verpackungsgestaltung Gedanken machen. Ziel ist es, die Wünsche der Kundinnen und Kunden durch das Sortiment zu erfüllen!

Das Sortiment

Zusammenstellung eures Sortiments

Produktbreite: Hier müsst ihr entscheiden, aus wie vielen verschiedenen Produktbereichen ihr Produkte anbieten wollt.

Programmtiefe: Hierunter fallen jeweils alle Produktvarianten, die einem Produktbereich zuzuordnen sind. Auch solltet ihr nicht zu viele Produkte anbieten, damit euer Sortiment für die Schüler*innen gut überschaubar bleibt.

Um nicht den Überblick über euer Sortiment zu verlieren, solltet ihr eine Tabelle anlegen. So fallen auch Nachbestellungen, Produktstreichungen oder Preisgestaltung leichter! Ein Beispiel:

	Programmbreite (Alle eure Produktgruppen)			
	Gruppe 1: **Schulbekleidung**	**Gruppe 2:** **Schokoriegel**	**Gruppe 3:** **Schulbedarf**	**Gruppe 4:** **Smoothies**
Programmtiefe (Alle Variationen einer Produktgruppe)	Pullover – schwarz (m/w)	Schokoriegel	Schnellhefter	Frucht-Smoothies
		Schokoriegel - Karamell	DIN A4 Heft - karriert	Grüner-Smoothie
	Pullover – weiß (m/w)	Schokoriegel - weiße Schokolade	DIN A4 Heft - liniert	
			College-Block	
	Pullover – rot (m/w)			
	Sweatshirt Jacke – schwarz (m/w)			
	Sweatshirt Jacke – rot (m/w)			

Vorgehen

Um ein gutes Sortiment anzubieten, solltet ihr Folgendes beachten:

- Die verschiedenen Produktbereiche, die ihr auswählt, sollten den Bedarf von Schüler*innen in eurer Schule abdecken.

- Ihr solltet beobachten, welche Produkte besonders häufig gekauft werden und davon eventuell mehr Varianten anbieten.

- Außerdem solltet ihr Umfragen durchführen (siehe unten: Marktforschung), um Kundenwünsche besser zu verstehen.

Ihr solltet sicherstellen, dass das gewünschte Produkt nachhaltig hergestellt wird, und einen dementsprechenden Lieferanten auswählen. Nachhaltige Produkte erkennt ihr an den Siegeln.

Produkt aus dem Sortiment nehmen:

- Wenn ihr feststellt, dass ein Produkt über einen längeren Zeitraum kaum oder gar nicht verkauft wird, solltet ihr dieses Produkt aus eurem Sortiment nehmen/nicht mehr produzieren.

- Die Restbestände dieses Produktes könntet ihr als Aktionsware zu einem günstigeren Preis verkaufen.

*Wenn ihr ein neues Produkt einführt, bestellt am Anfang eine kleine Menge, um zu testen, ob das Produkt wirklich von euren Kund*innen gekauft wird.*

Maßnahmen zur Verbesserung des Sortiments

Welche neuen Produkte können eurer Sortiment interessant machen? Welche Produkte können ersetzt werden?

_____

_____

_____

Idee für eine Produkteinführung:

Neues Produkt:

_____

Euer Lieferant:

_____

Bestellmenge:

_____

Werbemaßnahmen:

_____

_____

_____

_____

_____

_____

Idee, um ein Produkt aus dem Sortiment zu nehmen:

Produkt:

_____

Idee für Abverkaufsaktion (Ausverkauf):

_____

_____

_____

_____

Die Verpackung

Verpackungsgestaltung

Wenn ihr eure Produkte oder einen Teil davon selber herstellt, solltet ihr die Verpackung nachhaltig wählen.

Material

Da ihr nachhaltige Produkte verkauft, sollte eure Verpackung dies widerspiegeln - z. B. Papier statt Plastik - wiederverwendbare Materialien.

Design

- Wählt nachhaltige, natürliche Farben - z.B. grün, braun, blau.
- Euer Logo darf nicht fehlen!
- Alle wichtigen Informationen sollten beschrieben sein!
- Die Verpackung sollte die Qualität eures Produktes widerspiegeln!

Produkte nachbestellen

- Ihr solltet euch Gedanken darüber machen, wann und wie viel ihr von den Produkten nachbestellt.
- Bei Lebensmitteln solltet ihr relativ kleine, überschaubare Mengen bestellen und das in regelmäßigen Abständen, da Lebensmittel nur begrenzt haltbar sind.
- Bei anderen Produkten ist es durchaus sinnvoll, relativ große Mengen zu bestellen und die Bestellungen zu sammeln, da ihr diese Produkte länger lagern könnt und somit Lieferkosten spart.
- Natürlich müsst ihr euch vor der Bestellung überlegen, welche Mengen ihr maximal bezahlen und lagern könnt.
- Wenn die Bestellung bei euch eintrifft, solltet ihr den Lieferschein mit der Ware abgleichen, um zu schauen, ob die richtigen Produkte in der richtigen Menge geliefert wurden.

Produktpräsentation

- Damit ihr eure Produkte bestmöglich verkaufen könnt, sollten alle Produkte ordentlich und gut sichtbar ausgestellt werden.
- Der Verkaufsraum sollte immer sauber sein.
- Produkte, die im Angebot sind, oder euer „Produkt des Monats" (falls ihr so etwas habt) solltet ihr hervorheben.
- Da ihr hochwertige Produkte verkauft, sollte sich dies auch in der Ausstattung eures Verkaufsraumes widerspiegeln.

Außerdem müsst ihr euch überlegen, wie und wann ihr eure Produkte nachbestellt. Des Weiteren solltet ihr vor der Bestellung wissen, wie lange eure Produkte haltbar sind.

Produkte nachbestellen

Bestellrhythmus für verderbliche Lebensmittel:

_____

Maximale Bestellmenge für nicht verderbliche Produkte:

_____

Euer Preis

Der Preis ist ein wichtiger Bestandteil beim Verkauf eurer Produkte. Er kann ausschlaggebend sein, ob ein Kunde oder eine Kundin bei euch kauft oder nicht. Er sollte daher nicht zu hoch angesetzt werden und fair sein. Des Weiteren ist er aber auch Grundlage dafür, dass ein Unternehmen langfristig bestehen kann. Ihr müsst schließlich eure Ausgaben decken und wollt darüber hinaus einen Gewinn erwirtschaften.

Je nachdem, was für Produkte ihr verkauft, sollten die Preise dazu passen. So werden nachhaltige Produkte üblicherweise zu höheren Preisen verkauft, da hier z. B. höhere Löhne gezahlt werden.

Ihr könnt Preise ändern und, um den Kund*innen entgegenzukommen, Rabatte und Aktionen einsetzen.

Rabatte sind Preisnachlässe für Produkte oder Dienstleistungen, die mit dem Kauf gewährt werden. Die Rabatte wirken nur, wenn ein festgelegter Preis bekannt ist. In der Praxis setzen Unternehmen Rabatte ein, um sich kurzfristig von ihren Konkurrenten abzuheben und die Verkaufszahlen zu steigern.

Bedenke:

Preise können ein Anreiz zum Kauf sein, jedoch ist die letztendliche Entscheidung der Kund*innen vor allem davon abhängig, ob sie von dem angebotenen Produkt überzeugt sind. Auch das Bild, das sie sich über eure Firma machen (Image), ist von entscheidender Bedeutung. Zu eurem Firmenimage gehört beispielsweise auch die Nachhaltigkeit, die sich positiv auf die Kaufentscheidung auswirken kann. Die höhere Qualität nachhaltiger Produkte, das Wissen über bessere Arbeitsbedingungen der Arbeiter*innen und der Faire Handel sind für viele Kund*innen ein Grund, eure Produkte gegenüber anderen vorzuziehen.

Wie bestimmt ihr eure Preise?

Um Preise für eure Produkte festzulegen, müsst ihr zunächst überlegen, was ihr für **Ausgaben** habt.

Dazu zählen als erstes die **Kosten der Anschaffung** der Produkte sowie die **Transport- und Verpackungskosten**, die anfallen, um die Produkte zu eurer Schülerfirma zu bringen. Wenn ihr eure Produkte selbst herstellt, müsst ihr beispielsweise die Kosten für Materialien, Zutaten, Werkzeuge, Hilfsmittel, Maschinen, Strom und Wasser mit einplanen.

Eventuell müsst ihr die Kosten, die für **Räume und Ausstattung** eurer Firma anfallen, selbst übernehmen und somit in eure Preise einplanen. Dies wird direkt mit der Schulverwaltung geklärt.

Auch die **Ausgaben für euer Marketing**, wie z. B. Flyer, Plakate oder Zeitungsanzeigen, sollten bedacht werden.

Wenn ihr **nachhaltige Produkte** anbietet, sind diese meist etwas **teurer**. Damit andere Schüler*innen die Besonderheit eurer Produkte verstehen, ist es wichtig, dass ihr den **Mehrwert** über Kommunikationsmaßnahmen kommuniziert. Die Schüler*innen, die euer Produkt kaufen, sollen also z. B. ein gutes Gefühl beim Kauf haben und bereit sein, mehr Geld dafür auszugeben. Dafür könnt ihr den Fairen Handel und die guten Arbeitsbedingungen bei der Herstellung eurer Produkte hervorheben und Informationen bereitstellen.

Bis zu diesem Punkt sollten auf jeden Fall eure **Kosten gedeckt** sein.

Damit aus dem Verkauf Geld übrig bleibt, müsst ihr zum Schluss einen **Gewinn festlegen**, der zum Preis dazugerechnet wird. Diesen könnt ihr dann für ungeplante Ausgaben und weitere Anschaffungen der Firma wie beispielsweise neue Regale oder für soziale Projekte nutzen. Ihr könnt zur Unterstützung auch Lehrkräfte mit einbeziehen, die eure Preisplanung kontrollieren und euch bei der Berechnung unterstützen.

Preis

Entscheidet, wie ihr eure Preise festlegen wollt.

Ihr könnt euch an verschiedenen Größen orientieren.

Kosten

Nehmt eure Kosten und addiert den von euch gewünschten Gewinn. Schaut, was dem Kunden oder der Kundin euer Produkt wert ist, und nehmt dies mit in die Überlegung hinein.

Wettbewerb

Welche Preise haben andere Anbieter? Wollt ihr euch hieran orientieren, um auf einer Ebene zu sein? Ihr könnt auch über den Wettbewerbspreisen sein (teurer) oder darunter (günstiger).

Wert

Es geht hier darum, dem Kunden oder der Kundin einen fairen Preis für den höchsten Nutzen zu bieten. Durch nachhaltige Produkte bietet ihr z. B. den Wert des Ressourcenschutzes oder der sozialen Verantwortung (Bezahlung der Produzent*innen) und eine bestimmte Qualität an.

Die nachfolgende Tabelle zeigt Euch das Prinzip, wie Ihr Euren Preis berechnen könnt. In der Realität braucht ihr vermutlich noch mehr Zeilen, um alle Kosten einzeln erfassen zu können.

	Erklärung	Ergebnis
Herstellungs-/Anschaffungskosten	Wie teuer ist das Produkt für euch? Müsst ihr Lieferkosten bezahlen?	
+ Transport- und Verpackungskosten	Habt ihr Aufwendungen für den Transport (Benzin, öffentliche Verkehrsmittel) und kauft ihr noch Verpackungsmaterial?	
+ Nebenkosten	Zahlt die Schülerfirma Miete, Strom- oder Wasserkosten?	
+ Marketingkosten	Gebt ihr Geld für eure Werbung aus?	
+ Sonstige Kosten	Gibt es weitere Kosten, die ihr beachten müsst?	
= Gesamte Kosten	Das ist der Minimumpreis für Euer Produkt.	
+ Gewinnaufschlag	Habt ihr eine Vorstellung, wie viel ihr pro Produkt an Gewinn erzielen möchtet?	
= Verkaufspreis	Kosten plus Gewinnzuschlag ergibt Euren Endpreis.	

Wichtig! Denkt daran, dass Nebenkosten und Marketingkosten nur anteilig auf ein Produkt berechnet werden!

Ob eure Kund*innen den Verkaufspreis noch bezahlen würden, könnt ihr durch eine Marktforschung (Umfrage) erfahren. Überlegt, was ihr mit einem möglichen Gewinn anfangen könnt, um eure Idee noch weiter voranzubringen oder ein Projekt zu unterstützten, das euch am Herzen liegt.

5. Marketing in Schülerfirmen

Arbeitsblatt in einfacher Sprache

Preissetzung und -ermittlung

Berechnet hier einen beispielhaften Preis und Gewinn, indem ihr eure gesamten Kosten betrachtet.

Beispiel: Belegtes Brötchen mit Käse

1 Tragt ein, um was für ein Produkt es sich handelt!

2 Fügt Bilder zu den verschiedenen Produkten und Kosten in die Zeile ein!

3 Tragt ein, was die jeweiligen Kosten für die Bestandteile sind. Wichtig: Kosten pro Stück!

Zutaten/ Zubehör/ Bestandteile pro Stück	Kosten pro Stück
1 Brötchen	0,70 €
Käse	0,25 €
Buttor	0,20 €
Arbeiter/in Sie bekommt 9 € pro Stunde. Sie schmiert 3 Minuten das Brötchen und bedient. Das kostet 0,45 €.	0,45 €
Miete Ihr rechnet einen kleinen Teil von der Miete auf das Produkt drauf.	0,10 €
Nebenkosten Zum Beispiel Kosten für Wasser, Strom, Heizung.	0,20 €
Was kostet alles zusammen?	1,90 €
Das Brötchen muss teurer als **1,90 €** sein!	

4 Rechnet aus, was alles zusammen kostet.

Wie teuer darf euer Produkt/eure Dienstleistung sein? Macht doch eine Umfrage!

Fragt eure Mitschüler*innen/Kund*innen, wie viel sie HÖCHSTENS für euer Produkt oder eure Dienstleistung ausgeben würden.

5 Überlegt euch verschiedene Preise, die über den Kosten (1,90 €) liegen. Macht dann eine Tabelle, druckt sie aus, und befragt eure Mitschüler*innen/Lehrkräfte. Versucht, dass so viele Mitschüler*innen wie möglich mitmachen!

Beispiel für eine Umfrage:

Wieviel würdest du HÖCHSTENS für unser neues Produkt ausgeben. Mache bei dem Preis einen Punkt/Strich!

Nehmt den Preis, der die meisten Punkte bekommen hat!

Teurer darf das Produkt nicht werden, da es dann nicht mehr genug Kunden findet.

Geld, was nach dem Bezahlen aller Kosten übrig bleibt, nennt man Gewinn. Der könnte dazu gebraucht werden, um neue Werkzeuge, Maschinen, oder zum Beispiel Schürzen zu kaufen. Überlegt euch also, wieviel ihr im Jahr an extra Geld braucht und dann, wieviel € das pro Stück bedeuten könnte.

Rabatte und Aktionen

Rabatte und Aktionen könnt ihr einsetzen, um die Verkaufszahlen zu erhöhen und den Kauf für eure Kund*innen attraktiver zu gestalten.

Es gibt verschiedene Arten von Rabatten:

Einführungsrabatte:
Wenn ihr neue Produkte einführt, könnt ihr Rabatte einsetzen, damit die Kund*innen eher bereit sind, diese zu probieren. Das hilft euch, schneller Kund*innen zu gewinnen.

Auslaufrabatte:
Diese Rabatte könnt ihr einsetzen, wenn ihr veraltete Produkte möglichst schnell verkaufen möchtet. Auch Produkte, bei denen das Mindesthaltbarkeitsdatum bald erreicht ist, können damit noch an den Kunden oder die Kundin gebracht werden. So vermeidet ihr auch Verschwendung und unnötiges Entsorgen von Produkten.

Mengenrabatte:
Beim Kauf einer größeren Menge gibt es einen Preisnachlass. Entweder bekommen Kund*innen ein Produkt zusätzlich oder sie müssen weniger für den Einkauf zahlen. Ein Beispiel wäre eine Karte mit zehn Feldern. Für jeden Euro, den Kund*innen ausgeben, erhalten sie einen Stempel auf der Karte. Sind alle zehn Felder abgestempelt, gibt es beim nächsten Einkauf z. B. 50 Cent Nachlass (Logo der Schülerfirma als Stempel). Weitere Mengenrabatte sind: Mengenabnahme (Nimm 3 für 2) oder Saisonrabatte (bspw. vor den Sommerferien).

Aktionen sind beispielsweise Gewinnspiele oder Gutscheine.

5. Marketing in Schülerfirmen

Aufgabe

Überlegt, welche Rabatte ihr anbieten könnt.

Wenn ja:

Welches Produkt?

_____

In welcher Höhe?

_____

Wann?

_____

Welche Methode wollt ihr wählen?

_____

_____

Wann muss ein Preis geändert werden?

Habt ihr die Preise eingeführt, bemerkt ihr möglicherweise im Laufe des Verkaufs Auffälligkeiten. Wenn ein Produkt z. B. kaum gekauft wird, könnt ihr den Gewinnaufschlag verkleinern. Dadurch steigen im besten Fall die Verkaufszahlen. Beachtet aber, dass ihr insgesamt weiter Gewinne erzielt.

Außerdem können Preise erhöht werden. Ihr könnt Produkte beispielsweise zu „Probierpreisen" neu einführen, sodass eure Kund*innen eher bereit sind, sie zu testen. Nach einer kurzen Testphase werden die Preise dann angehoben.

Preisänderungen eurer Lieferanten können ebenfalls zu Anpassungen eurer Preise führen.

Eure Distribution (Verkauf)

Distribution meint den Ort, an dem ihr eure Produkte verkauft, in eurem Fall meistens ein Laden. Ihr müsst euch bei der Distributionspolitik also Gedanken über die Lage eures Ladens machen.

Verkaufsort

Optimalerweise habt ihr einen eigenen Raum, der nur eurer Schülerfirma zur Verfügung steht und den ihr als Verkaufsort nutzen könnt. Euer Laden sollte möglichst zentral in der Schule liegen und gut zugänglich sein.

Eure Schülerfirma sollte von außen gut erkennbar sein. Eventuell hilft eine Ausschilderung.

Wenn ihr Lebensmittel (z. B. Süßigkeiten, Brötchen, Muffins usw.) verkauft, könnt ihr eventuell das Lehrkräftezimmer als weiteren Verkaufsort nutzen, indem ihr dort „Naschkisten" aufstellt, die ihr mit euren Produkten befüllt. Daneben wird eine Preisliste gelegt und eine kleine Schale oder Spardose, sodass die Lehrkräfte die Produkte bezahlen können. Die Naschkiste muss regelmäßig, je nach Produkten, von euch aufgefüllt werden. Auch die Bestückung und Pflege eines Fair-o-maten ist denkbar:

www.fair-o-mat.de

Euer Verkaufsort

Jetzige Lage:

_____

Die Lage ist   **Gut:**   **Schlecht:**

Wenn schlecht, Vorschlag für einen besseren Standort:

_____

Ideen für mögliche Ausschilderung:

_____

_____

5. Marketing in Schülerfirmen

Arbeitsblatt in einfacher Sprache
Verkaufstipps

Gebt eurem Stand einen Namen.
So wissen alle, dass es euch gibt.

Stellt Wegweiser auf oder bringt Schilder an.
Sonst findet niemand den Weg.

Benutzt für euren Verkaufsstand verschiedene Farben (vielleicht auch die Farbe eures Logos).

 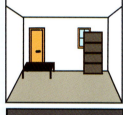

Schaut, wo ihr die Möbel hinstellt.
Blockiert keine Fenster und Türen.

Euer Verkaufsraum sollte hell sein.
Im Dunkeln sieht man nichts.

Achtet darauf, dass es sauber ist.
Wenn es dreckig ist, kaufen die Menschen weniger.

 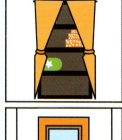

Versteckt eure Produkte nicht!
Stellt die Produkte so hin, dass alle sie super sehen können.

Überlegt euch, wie lange ihr aufmacht.
Die Tür darf nicht immer zu sein.

Arbeitsblatt in einfacher Sprache

Wir bewerten ein Produkt
Wir wählen einen Lieferanten aus

Die folgenden Beispiele für ein Produkt- und Verpackungsscreening sollen dazu dienen, zusammen mit den Schüler*innen herauszuarbeiten, ob die eingekauften Produkte, die später weiterverarbeitet oder -verkauft werden, nachhaltig bezogen werden. In Förderschulen kann dies vorzugsweise in einer Gruppendiskussion stattfinden, besonders wenn eine Lese- Rechtschreibschwäche bei den Schüler*innen vorliegt. Schlussendlich wird gemeinsam entschieden, ob ein Produkt bereits nachhaltig eingekauft wird oder ob es Vorschläge und Möglichkeiten gibt, noch nachhaltiger zu handeln. Das ausgefüllte Dokument kann anschließend im Klassenraum aufgehängt werden, um entweder als Motivation zu dienen, weiterhin so gute und nachhaltige Arbeit zu leisten, oder um ein Verbesserungsziel vor Augen zu haben.

Legende: Was bedeuten die Farben?

Nachhaltig   Einigermaßen nachhaltig   Nicht nachhaltig

2 Wo kaufen wir ein?
Einer Zahl ein Geschäft/Bezugsquelle zuordnen (anschließend muss nur noch die Zahl eingetragen werden und nicht mehr der Name des Geschäfts).

3 Was kostet es?
Preis pro Einheit/Packung in Zeile eintragen.

4 Wo kommt das Eingekaufte her?
Den Namen des Herkunftsortes in die Zeile eintragen.

5 Gibt es ein Zeichen für Fairen Handel?
Aus der Liste entsprechende Logos aussuchen, die infrage kommen (Textil-Logos, Lebensmittel-Logos etc.). Anschließend wird mit Haken markiert, ob eines vorhanden ist. Falls nicht, dann keinen Haken.

Produkt	Geschäft	Preis	Region	Siegel (Fair)	Siegel (Bio)	Bewertung
🍎🧀🥛🍞🥚	1			Es gibt verschiedene Siegel und Zeichen.	Es gibt verschiedene Siegel und Zeichen.	🙂 😐 ☹️
🥚	1	2,00 €	Wallenhorst	✓		🙂

1 Was kaufen wir ein?
In die jeweilige Zeile das Produkt eintragen.

6 Gibt es ein Zeichen für Bio-Qualität?
Aus der Liste entsprechende Logos aussuchen. Falls Logo vorhanden, in die Zeile einen Haken eintragen. Wenn nicht, dann leer lassen.

7 Smiley auswählen
Wird das Produkt nachhaltig eingekauft? Wenn ein gelber oder roter Smiley ausgewählt wird, könnte überlegt werden, ob es auch besser geht.

Arbeitsblatt in einfacher Sprache

Wir bewerten die Verpackung

Produkte	Nummer	Verpackungsart	Entsorgung	Smileys
	1	Flasche		
	2	Einweckglas		
	3	Pappe		🙂
	4	Papier		😐
	5	Kompostierbare Verpackungen		🙁
	6	PET-Flasche		
	7	Kartonververpackungen		
	8	Plastik		
	9	Aluminium		
		3	✓	🙂

1 Produkt
Hier wird ein Bild von dem Produkt eingefügt, das eingekauft wird/ verkauft werden soll.

2 Verpackung
Die Zahlen stehen jeweils für ein Verpackungsmaterial. Hier muss die passende Zahl für das Produkt eingetragen werden.

3 Symbol für Recycling
Ist ein Zeichen für Nachhaltigkeit vorhanden? Wenn ja, setzt einen Haken.

4 Zufriedenheit
Malt den Smiley, der nach eurer Meinung der Nachhaltigkeit der Verpackung entspricht.

5. Marketing in Schülerfirmen

Arbeitsblatt in einfacher Sprache

Übersicht Verpackungsarten

> Jährlich fallen in Deutschland über 17 Millionen Tonnen Verpackungsmüll an (Umweltbundesamt 2015) - Tendenz steigend. Neben der Verwendung von recyclebaren Verpackungen sollte die Müllvermeidung ein wichtiges Ziel eurer Schülerfirma sein!

	Einmachglas Glasflaschen	• Glas ist zu 100 % wiederverwertbar. Vor allem Mehrwegglasflaschen schonen die Umwelt. • Nicht nur aus nachhaltigen Aspekten ist Glas vorteilhaft, auch gesundheitlich bietet es einen hohen Standard. • Glas besteht aus Rohstoffen, die in der Natur vorhanden sind und schont somit die Ressourcen. • Auch nach mehrmaligem Befüllen verliert Glas nicht an Qualität und ist somit ein ideales Verpackungsmaterial vor allem für flüssige Produkte. • In Glasbehältern gehen zudem kein Geschmack und keine Vitamine verloren. • Mehrwegflaschen erkennt man an dem Mehrwegzeichen. • Das Pfand beträgt zwischen 8 und 15 Cent. Flaschen mit 25 Cent sind Einwegflaschen.
	Recycling-Pappe / Karton	• Verpackungen aus Vollpappe und Karton entsprechen dem nachhaltigen Gedanken, wenn sie aus Papier hergestellt wurden und somit die natürliche Ressource Holz schonen. • Als Lebensmittelverpackung in der Diskussion, da sie ggf. Stoffe enthalten, die in Lebensmittel übergehen können.
	Recycling-Papier	• Vor allem Recyclingpapier entspricht dem nachhaltigen Gedanken. Durch Recycling wird Altpapier hergestellt, das die Umwelt schont. • Selbst die Restprodukte werden in Energie umgewandelt. Das Wasser für die Produktion wird mehrfach verwendet und immer wieder in den Kreislauf gebracht. Somit entstehen weniger Treibhausgase. • Gutes Recyclingpapier erkennt man an dem Zeichen Blauer Engel.
	Kompostierbare Verpackungen	• Bio-Kunststoffe auf Basis nachwachsender Rohstoffe sind sinnvolle Alternativen zu chemisch hergestellten Plastikverpackungen. Verpackungen hergestellt auf Basis von Holz, Pflanzenölen, Kartoffel- oder Maisstärke sind hierfür Beispiele. • Es gibt auch bereits umweltfreundliche Biobeschichtungen.
	Kartonverpackungen	• Kartonverpackungen besitzen eine Innenbeschichtung und Ummantelung, die meist aus einer dünnen Aluminiumschicht bzw. Polyethylenschicht (PE) sind. • Das Unternehmen Tetra Pak strebt an, Verpackungen zu produzieren, die zu 100 % aus bio-basierten Materialien sind. Dann wären die Materialien alle erneuerbar und schonen die Umwelt. Auch der CO_2-Ausstoß soll verringert werden. • Alle Tetra Pak-Produkte besitzen mittlerweile das FSC-Label, das für verantwortungsvolle Forstwirtschaft steht.
	Plastikflaschen	• Kunststoffe (PE, PP, PET) werden auf Basis von fossilen Rohstoffen (Erdöl) hergestellt. • Mehrwegsysteme, etwa mit stabilen PET-Flaschen, sind daher positiv. • Wenn sich Einwegflaschen nicht vermeiden lassen, sollten sie zumindest recycelt und nicht als Müll verbrannt werden. • Bei Plastikflaschen besteht der Verdacht, dass sie wegen der Inhaltsstoffe ggf. gesundheitlich bedenklich sind.
	Sonstiges Plastik	• Kunststoffe (PE, PP, PET) werden auf Basis von fossilen Rohstoffen (Erdöl) hergestellt. • Wenn Plastik in die Umwelt gelangt, kann es Jahrhunderte dauern, bis es abgebaut ist. Das ist etwa in den Meeren ein zunehmendes Problem. • Bei Plastik besteht der Verdacht, dass es wegen der Inhaltsstoffe ggf. gesundheitlich bedenklich ist.
	Metall	• Konservierte Nahrungsmittel und Getränke werden häufig in Dosen aus Metall verpackt. Aus ökologischer Sicht ist vor allem Aluminium kritisch zu betrachten, da für den Abbau viel Energie nötig ist. Zudem werden aus dem Rohstoff (Bauxit) nur maximal 60 % Aluminiumoxid gewonnen. Der Rest ist Rotschlamm und muss deponiert werden. Generell sollte Metall eher für langlebige Produkte verwendet werden. • Aluminium ist sehr robust, hat aber ein geringes Gewicht. Das ist ein Vorteil als Verpackungsmaterial. Zudem übersteht Aluminium gut Wärme und ist somit auch im Ofen verwendbar. • Bei Aluminium besteht der Verdacht, dass es unter bestimmten Umständen gesundheitlich bedenklich ist.
	**Recycling**	Mehrweg erkennst du auch an verschiedenen Zeichen und Siegeln, z. B. Blauer Engel (**www.blauer-engel.de**), Mehrweg – Für die Umwelt (**www.mehrweg.org**). Das Pfandsystem der PET-Flaschen bedeutet nicht automatisch, dass es sich um Mehrwegflaschen handelt. Seit der Einführung des „Dosenpfandes" 2003 zahlt man auch für viele Einwegplastikflaschen Pfand. Jede PET-Flasche wird dann aber recycelt und ein Teil zur Herstellung neuer Flaschen verwendet. PET-Flaschen, die mehrfach abgefüllt werden, tragen das Kennzeichen „Mehrweg" oder „Mehrwegflasche". Das FSC-Siegel (**www.fsc-deutschland.de**) steht für nachhaltige Bewirtschaftung der Wälder.

Eure Kommunikation

Kommunikationsformen/Werbung und Botschaften

Um die besten Instrumente für eure Zielgruppe auswählen zu können, müsst ihr deren Umfeld und Interessen genau kennen. Nachhaltige Unternehmen rücken immer mehr in den Blickpunkt der Menschen.

Welche Kommunikationsformen können wir einsetzen?

Um eure Schülerfirma bekannter zu machen und euren Verkauf zu fördern, können verschiedene Kommunikationsformen eingesetzt werden. Wir stellen sie hier kurz vor.

Plakat:

Ist ein großformatiges Werbemittel aus Papier, das hauptsächlich in der Außenwerbung eingesetzt wird. Es wird oft an Anschlagtafeln oder Säulen angebracht. Die Gestaltung ist ähnlich wie die eines Flyers.

Ein Plakat wird besonders innerhalb der Schule schnell gesehen, kann aber auch in der Öffentlichkeit ausgehängt werden. Auch wenn Plakate nicht direkt gelesen werden, werden sie von vielen Menschen unbewusst im Vorbeigehen wahrgenommen. Dadurch erinnern sie sich an euer Unternehmen. Bei Veranstaltungen wie z. B. einem Weihnachtsbasar in der Schule wäre dies eine gute Möglichkeit, die Schülerfirma zu präsentieren.

Langfristige Maßnahmen

Flyer:

Ist ein Handzettel und dient zur Information über eure Firma oder euer Angebot. Die Verbreitung erfolgt meist an eine große Anzahl von Personen (häufig andere Schüler oder Eltern) oder auch als Beilage in Zeitungen und in Briefkästen. Die Gestaltung muss auffällig, attraktiv und schnell verständlich sein.

Ein Flyer hat zahlreiche Vorteile. Er ist relativ leicht zu erstellen und auch gut zu verteilen. Zu beachten: Sprecht eure Zielgruppe an und wählt ein einheitliches Auftreten (Design, Logo, Farben, Schrift). Der Flyer sollte auffällig und ansprechend gestaltet sein und die nötigsten Informationen kurz und verständlich darstellen (Nachhaltigkeit, zum Kauf motivieren). Falls Ihre eine Internetseite habt, sollte im Flyer auch ein Hinweis auf diese integriert sein. Die hier zu beachtenden Punkte sind auch bei allen anderen Kommunikationsformen anzuwenden.

Zeitungsanzeige:

Eine (Lokal-)Zeitung zeichnet sich vor allem durch öffentliche Zugänglichkeit, Aktualität, regelmäßiges Erscheinen und inhaltliche Vielfalt aus. Bei einer Zeitungsanzeige wird ein Anzeigenvertrag mit einem Zeitungsunternehmen zur Veröffentlichung der Anzeige in der Region geschlossen.

Eine Zeitungsanzeige hat den großen Vorteil, dass besonders viele Menschen erreicht werden können (Eltern, Familie). Außerdem freut ihr euch wahrscheinlich, eure Firma in der Zeitung zu sehen.

Neben den oben genannten Punkten sind hier vor allem die Kosten zu beachten. Dafür könnt ihr euch beispielsweise Sponsoren suchen (Eltern, Bekannte, Firmen).

5. Marketing in Schülerfirmen

Social Media:

Ist eine Werbeschaltung in sozialen Netzwerken. Die Besonderheit: Reaktionen und Meinungen der Kund*innen sind direkt auswertbar. Es ist eine direkte Kommunikation möglich.

Social Media (z. B. Facebook, Twitter, Youtube, Instagram, Xing) hat den Vorteil, dass hier keine Kosten verursacht werden. Es können viele Menschen erreicht und aktuelle Themen schnell verbreitet werden (z. B. neue Produkte, Aktionen). Die Nutzer*innen können sich des Weiteren über Nachhaltigkeit und die Schülerfirma an sich informieren. Über einen Link könnten hier z. B. Videos zu den Produkten und der Herstellung gezeigt werden. Dadurch kann bei den Nutzer*innen Glaubwürdigkeit und Vertrauen geschaffen werden. Bei Bedarf könnt ihr die Informationen für die Kund*innen anpassen/ändern (z. B. Preislisten). Bei Social Media kann ein direkter Austausch zwischen der Schülerfirma und den Interessent*innen stattfinden und nach Meinungen gefragt werden. Es kann darüber auch eine Umfrage gestartet werden

Homepage:

Ist ein Dokument im Internet und kann weltweit abgerufen werden. Auf einer eigenen Homepage werden nur Eure eigenen Informationen abgebildet.

Eine eigene Homepage ähnelt den Vorteilen von Social Media. Dazu kommt: Nur ihr könnt Informationen auf die Seite stellen. Über ein Forum könntet ihr euch trotzdem mit den Besucher*innen der Seite austauschen.

Zu beachten ist aber, dass ihr eventuell professionelle Hilfe von einem Fachmann benötigt (z. B. IT-Firma, Bekannte).

Kurzfristige Maßnahmen

Verkaufsförderung:
Beinhaltet einzelne Aktionen, die dazu dienen, die Verkaufsergebnisse zu verbessern. Verkaufsförderung findet zeitlich befristet statt. Beispiele sind Gewinnspiele, Aktionen, Schulungen, Gutscheine oder Rabattaktionen, Verköstigungen eurer Produkte oder kostenfreie kleine Musterproben - um auf euch aufmerksam zu machen und um im Gedächtnis zu bleiben.

Die positive Wirkung einer Verkaufsförderung: Sie kann die Bekanntheit eurer Firma in der Öffentlichkeit steigern. Kund*innen können direkt zum Kauf bewegt werden, sodass die Umsätze steigen.
Wichtig dabei ist, dass geschulte Mitarbeitende (Schüler*innen) die Kund*innen gut beraten können. Dabei entstehen Kosten, für die ihr beispielsweise Sponsoren hinzuziehen könnt.

Ihr könnt natürlich auch an Infotagen präsent sein oder Produkte auf Schulveranstaltungen verkaufen, um so Aufmerksamkeit zu erlangen.

1) Direkte Kommunikation über Menschen = Menschen als Werbeträger

Öffentlichkeitsarbeit

Schaffen von Vertrauen und Aufbesserung des Firmenimages

Persönlicher Verkauf

Empfehlungen / Mund-zu-Mund Propaganda

Auftritt auf Events und Messen

Verteilen von Proben

Merke:
Persönliche Kommunikation und Massenkommunikation schließen sich gegenseitig NICHT aus. Es ist möglich beides zu machen, vorausgesetzt, beide Arten sind aufeinander abgestimmt und vermitteln dieselbe Botschaft!

Nutzen wenn … ihr gezielt bestimmte Kunden oder oder neue Kund*innen erreichen möchtet (z. B. Lehrkräfte, die neuen Fünft-Klässler, neue Sponsoren etc.).

… ihr eure neuen Produkte der Zielgruppe am besten persönlich vorstellen/erklären wollt (z. B. Schulveranstaltung).

und / oder

2) Massenkommunikation / klassische Werbung = Kommunikation über Massenmedien

Radio-Werbung

Lokale Zeitung und Zeitschriften

„Out of Home": Plakate, Litfaßsäule, Aufsteller, Flyer

Nutzen wenn … ihr die allgemeine Bekanntheit eurer Schülerfirma/Marke (z. B. bei allen Schüler*innen, Eltern, im regionalen Umfeld) erhalten oder steigern wollt.

… ihr auf besondere Aktionen hinweisen wollt.

Schließt bei eurem Handeln niemanden aus!
Das bedeutet auch, dass eure Projekte barrierefrei sein sollten. Sowohl in der realen wie in der virtuellen Welt. Wenn ihr in der Schule etwas verkauft, sorgt dafür, dass ihr auch für Rollstuhlfahrer*innen gut zu erreichen seid. Falls Ihr es technisch hinbekommt, programmiert eure Internetseiten optimalerweise so, dass auch Blinde sie nutzen können. Zum Beispiel sollte Text auch als Text dargestellt sein und nicht als Grafik, nur dann kann er von Programmen, die Blinde oder Sehbehinderte nutzen, erkannt und vorgelesen werden.

5. Marketing in Schülerfirmen

_____ **Aufgabe**

Hier könnt ihr erste Ideen für eure Kommunikationsinstrumente sammeln:

Welche **direkten Kommunikationsarten** sind für euch sinnvoll?	Welche **Massenkommunikationsinstrumente** sind für euch sinnvoll?

Habt ihr noch zusätzliche Ideen, wie ihr eure Schülerfirma bewerben könnt?

Welche Produkte könntet ihr für Verköstigungen und Proben anbieten?

Hier könnt ihr überlegen und planen, welche Kommunikationsformen ihr anwenden möchtet!

Kommuni-kationsform	Vorgehens-weise	Ziel	Dauer	Kosten	Verantwort-liche
Welche Kommunikationsform ist am besten für eure Zielerreichung geeignet?	Was sind die nächsten Schritte? Welche Punkte müssen beachtet werden? Wer soll die Maßnahmen erstellen?	Was wollt ihr mit dieser Maßnahme erreichen? Was ist euer konkretes Ziel?	Wie lange wird die Umsetzung dauern?	Wie teuer ist die Maßnahme?	Wer ist für welche Aufgabe zuständig? Wer ist für die Kontrolle verantwortlich?

Grundlegende Kommunikationsfragen

Zu Beginn solltet ihr euch darüber Gedanken machen, was euer Unternehmen ausmacht. **Was ist also besonders an eurem Unternehmen** und welche Botschaft wollt ihr vermitteln?

Um diese Botschaft zu vermitteln, ist es wichtig, dass ihr nach außen ein **einheitliches und professionelles Auftreten** habt. Sowohl Farben, Schriften und Logo als auch das Sortiment sollten aufeinander abgestimmt sein. Außerdem solltet ihr euch darüber Gedanken machen, **wen ihr** mit der Werbung **ansprechen wollt** und wie ihr sie auf die Zielgruppe abstimmen könnt.

Die folgenden Fragen solltet ihr beantwortet haben,
um sinnvolle Kommunikationsmaßnahmen durchführen zu können.

Aufgabe

Kaufentscheidungskriterium

Ihr müsst eure Zielgruppe davon überzeugen, dass es richtig und fördernd für die Umwelt ist, nachhaltige Produkte zu kaufen.

Was ist das Besondere an nachhaltigen Produkten?
Was verbessern die Kund*innen durch den Kauf eines nachhaltigen Produktes?

_____
_____
_____
_____

Verbindung

Ihr müsst langfristig im Gedächtnis der Zielgruppe bleiben und treffende Argumente und Bilder mit einfließen lassen.

Wie könnt ihr die Wichtigkeit der Nachhaltigkeit am besten in eurer Werbung verankern? Welche Bilder, Argumente etc. sind am aussagekräftigsten?

_____
_____
_____
_____

Beeinflusser

Wer oder was beeinflusst eure Zielgruppe am meisten bzw. wer könnte die Zielgruppe am meisten von nachhaltigen Produkten überzeugen?

_____
_____
_____
_____

Kontakt zu den Kund*innen/ Service und Beratung

Für eine gut laufende Firma solltet ihr daran denken, aktiv mit euren Kund*innen in Kontakt zu stehen.

Allgemein ist es aber wichtig, dass nicht nur die Kund*innen, sondern auch die eigenen **Mitarbeitenden** der Schülerfirma **informiert** werden. Dies kann z. B. über Schulungen oder einen speziellen Unterricht geschehen. Das Hintergrundwissen der verkaufenden Schüler*innen ist besonders wichtig für eine gute **Kundenberatung**

Dabei solltet ihr:

ihre Fragen beantworten,

ihre Ideen aufnehmen,

sie über Neuigkeiten auf dem Laufenden halten.

Da ihr nachhaltige Produkte anbietet, ist es wichtig, den Kund*innen einen Mehrwert gegenüber anderen Produkten zu vermitteln. Das bedeutet, dass sie von dem Kauf in besonderer Weise profitieren, etwa durch ein gutes Gefühl, weil sie zur Nachhaltigkeit beitragen (helfen). Sie sollten also im Voraus etwas über die Produkte und deren Hintergrund (z. B. Produktion, Herkunft) erfahren. Wenn ihr die Fakten kennt und Produkte verkauft, die durch Prüfsiegel bekannter Organisationen zertifiziert sind, sorgt das für Vertrauen bei euren Kund*innen.

Denkt daran:

Euer Auftreten und Service im Laden repräsentiert eure Schülerfirma!

Deshalb solltet ihr grundsätzlich immer freundlich und höflich sein und für Fragen bereitstehen.

Eventuell wäre es gut, wenn ihr einheitliche Kleidung tragt, damit ihr euch von euren Kund*innen abhebt und diese euch leichter erkennen.

Ihr solltet gut über Nachhaltigkeit und eure Produkte informiert sein.

Marktforschung und Bestimmung der Kundenzufriedenheit

Was ist Marktforschung?

Marktforschung kann z. B. dazu dienen, Kundenwünsche wahrzunehmen und zu erfahren, welche Preise bezahlt werden können oder warum manche Kund*innen ihre Produkte woanders kaufen.

Diese Erkenntnisse helfen, richtige Maßnahmen zu treffen und somit den Erfolg zu sichern.

Mithilfe von Marktforschung wird der Markt (z. B. Schule), auf dem ihr eure Produkte anbietet, untersucht, beobachtet und anschließend bewertet. Marktforschung dient also der Informationsbeschaffung.

Das kann z. B. in Form von Umfragen oder Interviews geschehen, in denen ihr versucht wichtige Aussagen von euren Kund*innen zu bekommen.

Die Ergebnisse sollten interpretiert werden, um daraus Schlüsse für das weitere Handeln zu ziehen.

Die Marktforschung soll zeigen, wie eure Schülerfirma von eurer Kundschaft (z. B. Schüler*innen, Eltern und Lehrkräfte) wahrgenommen wird.

Die Informationen aus der Marktforschung werden gebraucht, um

- Chancen und Optimierungspotenziale zu erkennen,
- Marketingaktionen zu planen, zu optimieren und auf ihre Wirksamkeit hin zu überprüfen.

Ihr könnt hierfür beispielsweise eine Umfrage starten. Wie läuft das ab?

1. Definition von Problemstellung und Ziel der Marktforschungsstudie

2. Entwicklung eines Untersuchungsplans

4. Interpretation und Kommunikation der Ergebnisse

3. Datenerhebung und Datenanalyse

! 1. Zunächst ist es wichtig, die Probleme eurer Schülerfirma klar zu definieren, da eine ungenaue Definition dazu führen kann, dass an dem Problem vorbeigeforscht wird. Aus der Problemdefinition leitet sich automatisch eure Zielsetzung und somit eure Aufgabenstellung ab.

Welche Probleme zeigen sich in unserer Schülerfirma?

_____

_____

_____

Was möchten wir mit Hilfe einer Marktforschung erreichen?

_____

_____

_____

! 2. Im nächsten Schritt ist zu bestimmen, auf welche Art und Weise die Marktforschung durchgeführt werden soll. Dazu gehört:

Zielgruppe der Befragung bestimmen

Stichprobenauswahl

Da ihr nicht alle Schüler*innen befragen könnt, müsst ihr einen Teil auswählen, den ihr befragen wollt.

Stichprobenumfang bestimmen: Dabei legt ihr fest, wie viele Personen befragt werden. Je größer und diverser der Stichprobenumfang, desto höher die Aussagekraft.

Hinweis:
Wählt den Umfang so, dass ihr ihn bewältigen könnt!

Ort und Zeit der Befragung festlegen

Informationsbedarf bestimmen

Art der Befragung wählen (z. B. persönliche, telefonische, schriftliche oder Online-Befragung)

5. Marketing in Schülerfirmen

Für eine Schülerfirma ist die schriftliche Befragung mit Hilfe eines Fragebogens am einfachsten umzusetzen.

Wen möchten wir befragen? (Zielgruppe bestimmen, z. B. Schüler*innen, Lehrkräfte oder Eltern)

_____

_____

_____

Wann und wo ist die Zielgruppe am besten anzutreffen? Bzw. wann und wo sollten wir den Fragebogen verteilen, um möglichst viele potenzielle Kund*innen zu erreichen?

_____

_____

_____

Welche Informationen möchten wir mit Hilfe des Fragebogens gewinnen?

_____

_____

_____

Welche Fragen helfen uns, diese Informationen zu erhalten?

_____

_____

_____

Erstellung des Fragebogens

Umfang: 1-2 Seiten

Auswahl der Themen:
Was ihr abfragt, sollte sich an eurer Zielformulierung orientieren. Mögliche Themengebiete: Preis, Nachhaltigkeit, Sortiment, Kaufverhalten. Die Fragen nach Themengebieten gliedern.

Fragen entwerfen:
kurze, einfache und verständliche Fragen.

Mögliche Beantwortung der Fragen:
- Ja / Nein
- Trifft zu / Trifft nicht zu

- Vollkommen zufrieden / sehr zufrieden / zufrieden / weniger zufrieden / unzufrieden

- Ich stimme voll und ganz zu (5) –
- ich stimme überhaupt nicht zu (1)

auch andere Skalen möglich: seid kreativ ☺

Beispiele findet ihr auf dem Beispielfragebogen. Bitte kontrolliert, ob die Fragen die gestellt wurden, eure Probleme lösen!

---

3. Nach der Planung erfolgt nun die Umsetzung der Marktforschung. Dazu gehören die Erhebung, die Aufbereitung und die Analyse der Daten.

In diesem Schritt solltet ihr den Fragebogen erstellen und an die zuvor definierte Zielgruppe (beispielsweise Schüler*innen, Lehrkräfte oder Eltern) austeilen.

Im Anschluss daran müssen die erhobenen Daten aufbereitet und analysiert werden, um wichtige Informationen herauslesen zu können.

Beispielfragen für Datenanalyse/Ziele der Marktforschung

Dies sind Beispielfragen, die ihr in den Fragebogen einbauen könnt. Wichtig ist es aber letztlich, dass Ihr Fragen im Fragebogen verwendet, die EUCH helfen, mehr Klarheit für EURE Schülerfirma zu gewinnen.

Welche Produkte und Leistungen finden unsere Kund*innen gut, welche nicht so gut?

_____

Was könnten wir nach Ansicht unserer Kund*innen verbessern?

_____

4. Schließlich ist es eure Aufgabe zu entscheiden, welche Aktivitäten aufgrund der Untersuchungsergebnisse folgen sollen.

Nach Abschluss der Marktforschung ist die Erstellung eines Berichts sinnvoll, in dem die wesentlichen Ergebnisse, Schlussfolgerungen und Handlungsmöglichkeiten festgehalten sind. Dieser hilft insbesondere dem nächsten Jahrgang, der nach euch die Schülerfirma übernimmt, um eure bisherigen Schritte und Marketingmaßnahmen besser nachvollziehen und daran anknüpfen zu können.

Der Bericht sollte vor allem folgende Punkte beinhalten:

1. Kurze Zusammenfassung von Problemdefinition und Untersuchungszielen

2. Erläuterung der Untersuchungsmethode

3. Darstellung der Untersuchungsergebnisse

4. Schlussfolgerungen und Handlungsmöglichkeiten

Welche Verbesserungsvorschläge der Befragten können wir umsetzen und wie?

_____

_____

_____

Welche Zielgruppe müssen wir in Zukunft mehr ansprechen?

_____

_____

_____

Welche Marketingmaßnahmen sollten wir in Zukunft mehr fördern und durchführen?

_____

_____

_____

Beispiel für die Auswertung und Darstellung der Ergebnisse

Datenauswertung:
Um Schlüsse aus eurer Umfrage ziehen zu können, ist es sinnvoll, die Ergebnisse übersichtlich zusammenzufassen.

- Ergebnisse in Tabelle überführen (Übersicht, welche Frage wie oft mit welcher Antwortmöglichkeit beantwortet wurde).

- Wenn möglich und Kenntnisse vorhanden, dann mit Excel-Tabellen und grafische Darstellungen zur besseren Übersicht nutzen.

Zielgruppe der Befragung:
Schüler*innen

Antworten:
Zählt die Kreuze aus und macht mit Tabellen und Grafiken die Ergebnisse übersichtlich.

Anzahl der Befragten:
50 Schüler*innen

Frage:

Wie zufrieden sind Sie mit/bist Du mit...		1	2	3	4	5	
Sortiment	sehr zufrieden	0	0	0	0	0	sehr unzufrieden
Preis	sehr zufrieden	0	0	0	0	0	sehr unzufrieden
Produktqualität	sehr zufrieden	0	0	0	0	0	sehr unzufrieden

Ein Beispiel:

Kategorie	1 (sehr zufrieden)	2	3	4	5 (sehr unzufrieden)
Sortiment	12	24	8	6	0
Preis	6	16	20	2	6
Qualität	26	18	4	2	0

Ein Beispiel zur Interpretation der Ergebnisse

Die Antworten der Schüler*innen zeigen, dass sie mit der Qualität der Produkte sehr zufrieden sind. Die Zufriedenheit beim Preis ist immer noch mittel, ist jedoch deutlich niedriger.

Dies verdeutlicht nochmals, dass nachhaltige Produkte meist einen höheren Preis aufweisen, dafür aber eine gute Qualität und eine besondere Botschaft haben.

Aufgabe der Schülerfirma wäre es nun, zu überdenken, ob die Preise gesenkt werden könnten. Falls nicht, sollte die Schülerfirma vor allem mit den Hintergründen des Fairen Handels werben und erklären, warum die Preise etwas höher sind.

Beispielhafte Umfrage zur Einführung von Schulpullovern

Uns, der Schülerfirma _____, liegt das Thema Nachhaltigkeit sehr am Herzen. In Absprache mit unserer Schulleitung haben wir uns überlegt, dass wir gerne Schulpullover an unserer Schule einführen würden. Diese sollen fair gehandelt, das heißt unter umweltfreundlichen Bedingungen und ohne Kinderarbeit etc. hergestellt sein. Ein Hersteller solcher Fair Trade Ware ist

_____.

Jetzt ist eure Meinung zu solchen Schulpullovern gefragt

1. Ich bin …

☐ Schüler/Schülerin an der Schule

☐ Lehrkraft an der Schule

> Fragen, bei denen man sich zwischen verschiedenen Antwortmöglichkeiten entscheiden muss, nennt man geschlossene Fragen

2. Das Thema Nachhaltigkeit finde ich

☐ sehr interessant ☐ eher interessant

☐ weniger interessant ☐ nicht interessant

> Bei dieser Frage ist es sinnvoll, keine Angabe in der Mitte zuzulassen, damit ihr eine Tendenz (Nachhaltigkeit interessiert die Schüler*innen/interessiert sie nicht) abschätzen könnt!

3. Generell finde ich die Idee, Schulpullover anzuschaffen,

☐ sehr gut ☐ eher gut

☐ eher schlecht ☐ schlecht

> Auch hier ist es wichtig, eine Tendenz erkennen zu können.

4. Die Idee, dass die Pullis fair gehandelt sind, finde ich

☐ sehr gut ☐ eher gut

☐ eher schlecht ☐ schlecht

5. Würdest du dir einen Schulpullover kaufen?

☐ Ja, weil _____

_____

☐ Nein, weil _____

_____

> Die Begründung ist für euch wichtig, um zu sehen, was ihr ändern könntet, damit mehr Interesse an den Pullis besteht.

6. Würdest du für einen fair gehandelten Schulpullover mehr ausgeben als für einen normalen?

☐ Ja, bis zu _____ € mehr.

☐ Nein

7. Wie viel würdest du für einen fair gehandelten Schulpullover bezahlen?

☐ 0 € ☐ 11-15 €

☐ 1-5 € ☐ 16-20 €

☐ 6-10 € ☐ 21-25 € usw.

> Bei Fragen nach dem Preis reizt ihr die Skala in beide Richtungen (sehr niedriger/sehr hoher Preis) aus, damit sich alle trauen, eine ehrliche Antwort zu geben.

8. Welche Farbe soll der Schulpullover haben? (Mehrfachauswahl möglich)

☐ Schwarz ☐ Weiß

☐ Grau ☐ Dunkelblau

☐ Rot

Andere Vorschläge: _____

_____

_____

> Gerade bei neuen Produkten immer Platz für eigene Vorschläge lassen!

9. Wo soll das Schullogo platziert sein?

☐ Auf der Brust ☐ Auf dem Rücken

☐ Vorne unten

Andere Vorschläge: _____

_____

5. Marketing in Schülerfirmen

10. Auf dem Bild siehst du ein mögliches Design für einen Schulpullover.

Wie gefällt dir das Design?

sehr gut   sehr schlecht

☐ 1   ☐ 2   ☐ 3   ☐ 4   ☐ 5

> Bei Fragen nach der Zufriedenheit bietet sich eine Antwortskala von 1 bis 5 an. Nicht vergessen die Pole (1 und 5) zu benennen (sehr gut/schlecht)!

11. Was gefällt dir an dem vorgeschlagenen Design?

_____
_____
_____
_____

> Falls vorhanden, beispielhaftes Bild einfügen

12. Was gefällt dir daran weniger gut?

_____
_____
_____
_____

13. Hast du sonstige Ideen/Anmerkungen zum Thema Schulpullover?

_____
_____
_____
_____

> Fragen, bei denen die Interviewpartner ihre Antworten aufschreiben, nennt man offene Fragen.
> Dadurch bekommt man oft viele neue Anregungen.

Abschließend interessieren uns noch ein paar Dinge zu deiner Person

14. Wie alt bist du?

_____

> Durch diese Angaben könnt ihr bei der Auswertung sehen, ob z. B. vor allem alte/junge Menschen oder Jungen/Mädchen die Pullover gut/schlecht finden.

15. Ich bin …

☐ männlich   ☐ weiblich

5. Marketing in Schülerfirmen

Arbeitsblatt in einfacher Sprache

Fragebogen (Beispiel)

Fragt eure Kund*innen/Mitschüler*innen, wie zufrieden sie mit euren Produkten/Angeboten oder eurem Laden sind!

1 Fertigt eine Umfrage für eure Kund*innen/Mitschüler*innen an. Fragt so viele wie möglich!

2 Die Kund*innen/Mitschüler*innen können ankreuzen, wie zufrieden sie mit eurem Angebot sind.

Wie zufrieden bist du mit unserem Angebot/unseren Produkten?

Setze ein X !

	Zufrieden	Geht so	Unzufrieden
	☐	☐	☐

Warum? Setze verschiedene X , wo du möchtest!

	Zufrieden	Geht so	Unzufrieden
Angebot/Produkte:	☐	☐	☐
Auswahl:	☐	☐	☐
Qualität:	☐	☐	☐
Werbung:	☐	☐	☐
Bedienung:	☐	☐	☐
Beratung:	☐	☐	☐
Preis:	☐	☐	☐
Standort:	☐	☐	☐
Öffnungszeiten:	☐	☐	☐

Andere Gründe, z. B.: Man kann das Gekaufte als Geschenk einpacken lassen

3 Falls den Kund*innen/Mitschüler*inen noch andere Gründe einfallen, können sie es hier eintragen.

Wenn viele Kund*innen euch gut finden, macht so weiter! Wenn es Dinge gibt, die Kund*innen nicht mögen, versucht diese zu ändern. Dadurch werdet ihr vielleicht mehr Kund*innen und mehr Gewinn haben.

4 Wenn ihr genug Kund*innen/Mitschüler*innen befragt habt, überlegt, wo eure Stärken oder Schwächen liegen. Versucht, die Schwächen zu beheben und in euren Stärken immer besser zu werden.

Unterrichtstipps für Lehrkräfte

Clever überzeugen
Wie sich faire Produkte einfach verkaufen!

Henning Siedentopp, Geschäftsführer und Gesellschafter der Mela Wear GmbH

Unterrichtsmethode
„Verkaufsgespräch als Rollenspiel"

Ihr kennt es: Einkaufen ist leicht und macht viel Spaß, aber selber etwas zu verkaufen ist gar nicht so leicht. Wie präsentiere ich meine Ware, was nehme ich ins Sortiment auf und was lasse ich weg? Was ist der richtige Preis und wann ist die beste Tageszeit für den Verkauf? Womit überzeuge ich meine Kund*innen am besten und wie mache ich auf meine Produkte aufmerksam?

Besonders bei Fair Trade- und Bio-Lebensmitteln, Textilien oder nachhaltigen Schreibmaterialien ist es wichtig, dem Kunden oder der Kundin zu erklären, was die Produkte so besonders macht und warum sie meist etwas teurer sind. Denn Kund*innen sind zwar oft sehr preisbewusst, aber auch bereit, etwas mehr zu zahlen, wenn es sich um „gute" Produkte handelt. Mit den richtigen Argumenten und der richtigen Strategie können Ihre Schüler*innen clever überzeugen und so ihren Absatz steigern.

Der Autor studiert an der Leuphana den Master Management & Business Development. Zusammen mit Claudia Assmuth hat er Mela Wear gegründet. „mela" ist Hindi und steht für „gemeinsam handeln". Seit 2014 vertreiben Claudia Assmuth und Henning Siedentopp fair gehandelte und ökologisch produzierte Textilien aus Indien. Ihr Antrieb? Die Überzeugung, dass Wirtschaft einen aktiven Beitrag zur Lösung globaler, ökologischer und sozialer Herausforderungen leisten muss.

Besonderer Tipp zum Thema

„Gerade junge Menschen sind oft sehr offen gegenüber nachhaltigen Produkten, die ein Fair Trade- oder Bio-Siegel tragen. Zeigt ihnen doch einfach, wie cool diese Produkte sind und was man gemeinsam beim richtigen Konsum bewirken kann und ihr werdet sehen, dass immer mehr mitmachen."

Kurzbeschreibung der Methode:
Rollenspiel „Das Verkaufsgespräch"

Benötigte Zeit:	30 Minuten
Anzahl der Schüler*innen:	15
Materialbedarf:	1 Raum (idealerweise der Schulshop), 1 Tisch, verschiedene Produkte aus dem eigenen Sortiment

Detaillierter Ablauf

Vorbereitung: Suchen Sie sich einen Raum oder gehen Sie direkt zu Ihrem Schulshop oder Verkaufsstand. Nehmen Sie Produkte aus dem Schülerfirmensortiment mit.

Aufteilung der Rollen: Wählen Sie zwei Schüler*innen aus, die Verkäufer*innen spielen, und zwei, die potenzielle Kund*innen sind. Die Kund*innen gehen vor die Tür, während die Verkäufer*innen sich auf den Kundenbesuch vorbereiten. Alle anderen sind beobachtende Zuschauer hinten im Raum.

Durchführung:

Die Kund*innen überlegen sich vorab, ob sie Interesse haben, etwas zu kaufen, ob sie aktuell wirklich etwas brauchen oder eher nicht. Zudem sollten sie sich überlegen, wie viel Geld Sie zur Verfügung haben und was beim Kauf wichtig ist (zum Beispiel Preis, Aussehen, Qualität, Geschmack, Farbe etc.).

Die Verkäufer*innen bestücken ihren Laden mit ihren Produkten und schaffen so eine möglichst gute Warenpräsentation.

Die Kund*innen kommen in den Raum und betreten den Laden. Die Verkäufer*innen stellen ihnen das Sortiment vor, nennen gute Argumente und fragen, wonach der Kunde oder die Kundin sucht. Die Kund*innen lassen sich beraten und wenn ihnen etwas gefällt oder die Argumente gut sind, können sie auch etwas kaufen. Wenn der Verkäufer bzw. die Verkäuferin sie nicht überzeugt oder ihnen nichts zusagt, kaufen sie nichts. Wichtig ist, dass sie ihrer zuvor definierten Rolle und Haltung treu bleiben.

Ist das Rollenspiel vorbei, können zunächst die Käufer*innen und dann die Verkäufer*innen sagen, wie es ihnen bei dem Gespräch erging. Im Anschluss können die Zuschauenden den Verkäufer*innen zur Argumentation und zur Verkaufsstrategie ein Feedback geben?

Abschluss:

Nach dem Feedback der Schüler*innen kann die Lehrkraft eine Rückmeldung geben.

Arbeitsblätter für Schüler*innen

Clever verkaufen

Ihr kennt es: Einkaufen ist leicht und macht viel Spaß, aber selber etwas zu verkaufen ist gar nicht so leicht:

Mit welchen Argumenten überzeugst du deine Kund*innen am besten und wie machst du auf deine Produkte aufmerksam?

Besonders bei Fair Trade- und Bio-Lebensmitteln, Textilien oder nachhaltigen Schreibmaterialien ist es wichtig, dem Kunden oder der Kundin zu erklären, was die Produkte so besonders macht und warum sie meist etwas teurer sind.

Arbeitsaufträge

Für den cleveren Verkauf gibt es ein paar Tipps, die dir dabei helfen, von fairen Produkten zu überzeugen. Um das Verkaufen zu trainieren, könnt ihr ein kurzes Rollenspiel durchführen. Lies die Tipps gut durch und versuche, diese als Verkäufer*in beim Rollenspiel zu berücksichtigen.

Vier Tipps für das clevere Verkaufen:

Produktsortiment & Werbemaßnahmen:
Achtet darauf, nur solche Produkte in euer Sortiment aufzunehmen, bei denen ihr sicher seid, dass sie auf große Nachfrage stoßen. Fragt eure potenziellen Kund*innen, was sie kaufen würden, oder beobachtet, was sie aktuell woanders kaufen. Habt ihr euch einmal entschieden, könnt ihr mittels Aushängen oder Durchsagen auf euch aufmerksam machen.

Warenpräsentation & Verkaufszeiten:
Ein ansprechender Stand, ein Laden oder ein Verkaufswagen sind besonders wichtig, damit eure Kund*innen optimal angesprochen werden und eure Produkte „ins Auge" fallen. Achtet darauf, dass ihr Produkte auf der richtigen Höhe platziert, gut ausleuchtet und mit Preisen versehrt. Besonders eignen sich jene Tage und Uhrzeiten für den Verkauf, an denen alle Schüler*innen da sind wie Pausen, der Schulbeginn oder auch Schulfeste.

Produkteigenschaften & Argumente:
Macht euch mit eurem Sortiment vertraut und schaut, was die einzelnen Produkte auszeichnet. Guter Geschmack, weiche Stoffqualität oder besondere Langlebigkeit sind Argumente, die eure Kund*innen überzeugen können. Achtet darauf, ihnen nicht zu widersprechen. Denn ihre eigene Meinung ist wichtig und sollte von euch respektiert werden. *Begegnet kritischen Fragen positiv*, zeigt Verständnis für die Belange der Kund*innen (wenn beispielsweise Fair Trade zu teuer erscheint) und zeigt Alternativen auf (etwas weniger Schokolade kaufen oder langlebige Kleidung kaufen).

Verkaufsgespräch & Preisverhandlung:
Keiner zahlt gerne zu viel, aber alle Beteiligten müssen auch etwas verdienen. Wenn euch jemand nach dem Preis fragt, wendet doch mal die *Sandwich-Taktik* an und verpackt den Preis einfach, indem ihr erst eine positive Produkteigenschaft, dann den Preis und dann noch eine positive Eigenschaft in einem Satz nennt.

Verkäufer*In:

Präsentiert die Ware so, dass eine Shop-Atmosphäre entsteht. Versucht, die vier Tipps für den cleveren Verkauf zu berücksichtigen und eure Kund*innen von euren Produkten zu überzeugen.

Käufer*in:

Lasst euch beraten und wenn euch etwas gefällt oder die Argumente der Verkäufer*innen gut sind, könnt ihr auch etwas kaufen. Wenn die Verkäufer*innen euch nicht überzeugen, dann kauft ihr nichts.

Zuschauer*in:

Beobachtet den Verkauf und überprüft, ob die Verkäufer*innen die Tipps berücksichtigt haben. Was fällt euch sonst noch beim Verkaufsgespräch auf? Notiert eure Beobachtungen und gebt ein Feedback.

Unterrichtstipps für Lehrkräfte

Fair Trade trifft gesund

Dipl.-Oecotroph. Diana Reif, DGE e. V., Vernetzungsstelle Schulverpflegung Niedersachsen

Wie lassen sich Fair Trade Produkte in die Empfehlungen der DGE zur Schulverpflegung bzw. in die DGE-Ernährungspyramide einordnen?

Lernziele

1. Die Schüler*innen können die Empfehlungen des DGE-QST für die Schulverpflegung für den Bereich der Zwischenverpflegung in der Schule wiedergeben.

2. Die Schüler*innen können die Empfehlungen des DGE-QST für die Schulverpflegung in Bezug zur dreidimensionalen Ernährungspyramide der DGE setzen.

3. Die Schüler*innen können die in der Schulverpflegung üblicherweise angebotenen Fair Trade Lebensmittel in Bezug zu den Empfehlungen des DGE-QST für die Schulverpflegung setzen und in die dreidimensionale Ernährungspyramide der DGE einordnen.

4. Die Schüler*innen können die Empfehlungen des DGE-QST für die Schulverpflegung unter Einbeziehung der dreidimensionalen Ernährungspyramide der DGE für den Bereich der Zwischenverpflegung bei der Zusammenstellung eines Warenangebotes mit Fair Trade Lebensmitteln für einen Schulkiosk anwenden.

Die Autorin arbeitet in der Vernetzungsstelle Schulverpflegung Niedersachsen. Durch den Ausbau der Ganztagsschulen kommt der Verpflegung in Schulen eine bedeutende Rolle zu. Aus diesem Grund wurde die Vernetzungsstelle Schulverpflegung Niedersachsen als zentrale Anlaufstelle für fachliche, organisatorische und logistische Fragen eingerichtet.

Tipp zum Thema

„Fair Trade und gesund müssen sich nicht ausschließen. Stellt ein abwechslungsreiches Angebot zusammen und fragt mal bei den Anbietern nach weiteren Produkten, die für ein gesundes Kioskangebot infrage kommen."

Kurzbeschreibung der Unterrichtsstunde:

Abgleich des Produktsortiments mit den DGE-Empfehlungen zur Schulverpflegung

Benötigte Zeit: 2 Schulstunden

Anzahl der Schüler*innen: 30

Materialbedarf: Flipcharts, Stifte

Materialbestellung für die Lehrkräfte:

1. DGE-Qualitätsstandard für die Schulverpflegung, 4. Auflage 2014; kostenfrei, jedoch mit Versandgebühr unter:

www.dge-medienservice.de/gemeinschaftsverpflegung/dge-qualitatsstandard-fur-dieschulverpflegung.html

2. Dreidimensionale Ernährungspyramide der DGE als Schulungsmodell (großer Aufsteller) oder im Zehner-Paket als kleine Modelle; gegen Entgelt unter:

www.dge-medienservice.de/fach-und-schulungsmedien.html

5. Marketing in Schülerfirmen

Die Dreidimensionale DGE-Lebensmittelpyramide

Mengenanteil der unterschiedlichen Lebensmittelgruppen im Speisenplan

1 Getreide, Getreideprodukte, Kartoffeln
2 Gemüse, Salat 3 Obst
4 Milch und Milchprodukte
5 Fleisch, Wurst, Fisch und Eier
6 Öle und Fette 7 Getränke

Was innerhalb einer Gruppe ➕ empfehlenswert ist ➖ weniger empfehlenswert ist

Die abgebildeten Lebensmittel stehen stellvertretend für die Vielfalt der jeweiligen Lebensmittelgruppen.

© Deutsche Gesellschaft für Ernährung e. V., 2014

Dreidimensionale DGE-Lebensmittelpyramide, Copyright: Deutsche Gesellschaft für Ernährung e. V., Bonn

Detaillierter Ablauf

Gruppe 1 erarbeitet, welche Nahrungsmittelprodukte aus Fairem Handel für den Verkauf einer Schülerfirma in Frage kommen. Dabei sollen Produkte der unterschiedlichen Produktgruppen einbezogen werden. Zur Darstellung der Ergebnisse werden sowohl die Produktnamen als auch die Inhaltsstoffe des Produktes auf ein Plakat gebracht.

Dafür gibt es folgende Darstellungsmöglichkeiten:
- Produkte werden namentlich, mit Aufzählung der Inhaltsstoffe genannt.
- Fotos von Produkten werden aus einem vorhandenen Produktkatalog ausgeschnitten und aufgeklebt. Inhaltsstoffe werden gut leserlich danebengeschrieben.
- Es werden vorhandene Produktverpackungen verwendet. Inhaltsstoffe werden gut leserlich dargestellt.

Arbeitsmittel:
Produktkataloge von Fair Trade Produkten, gesammelte Verpackungen von Fair Trade Produkten, Plakatpapier, Flipchart-Stifte, Metaplankärtchen. Außerdem: Produktdatenbank „Fair Trade-Produkte"[1].

Gruppe 2 erarbeitet anhand der Tabelle 1 aus dem DGE-QST für die Schulverpflegung sowie aus nachfolgendem Text von S. 14/15 die empfohlenen Lebensmittel für ein mögliches Verkaufsangebot für die Frühstücks- und Zwischenverpflegung. Die Lebensmittelgruppen können durch weitere Produkte ergänzt werden. Die ausgewählten Produkte werden anschließend der dreidimensionalen Ernährungspyramide der DGE zugeordnet. Die Zuordnung wird auf einem Plakat dargestellt.

Arbeitsmittel:
DGE-QST für die Schulverpflegung[2] (aktuelle Auflage), dreidimensionale Ernährungspyramide DGE[3], Plakatpapier, Flipchart-Stifte.

Gruppe 3 überprüft das Lebensmittelangebot der Schülerfirma anhand des DGE-QST für die Schulverpflegung. Dafür wird Tabelle 1 aus dem DGE-QST für die Schulverpflegung sowie nachfolgender Text von S. 14/15 verwendet. Die Produkte werden der dreidimensionalen Ernährungspyramide der DGE zugeordnet. Die Zuordnung wird auf einem Plakat dargestellt.

Arbeitsmittel:
DGE-QST für die Schulverpflegung[4] (aktuelle Auflage), dreidimensionale Ernährungspyramide DGE[5], Plakatpapier, Flipchart-Stifte.

Abschluss:

Vorstellung der Gruppenarbeiten im Klassenverband

1. Die Gruppen stellen nacheinander ihre Ergebnisse vor.

2. Gemeinsam diskutiert die Klasse darüber, welche der von Gruppe 1 ausgewählten Fair Trade Produkte mit den Empfehlungen des DGE-QST für die Schulverpflegung übereinstimmen und wie diese in die dreidimensionale Ernährungspyramide einzuordnen sind.

3. Gemeinsam erstellen alle Schüler*innen unter Berücksichtigung der dreidimensionalen Ernährungspyramide der DGE einen Warenkorb mit möglichen Fair Trade Produkten für den Bereich der Zwischenverpflegung bzw. für einen Schülerkiosk.

Zusatzaufgabe: Die Schüler*innen entwickeln gemeinsam ein Marketingkonzept für das neu erarbeitete Fair Trade Angebot.

[1] Abrufbar z. B. unter:
www.fairtrade-deutschland.de/produkte/produktdatenbank/fach-und-schulungsmedien.html

[2] Abrufbar unter:
www.schuleplusessen.de/qualitaetsstandard.html
oder
www.dgevesch-ni.de/images/stories/download/medien/DGE_DGEQualitaetsstandard_Schulverpflegung_4.Auflage_2014.pdf

[3] Zu bestellen unter:
www.dge-medienservice.de/fach-und-schulungsmedien.html

[4] Abrufbar unter:
www.schuleplusessen.de/qualitaetsstandard.html
oder
www.dgevesch-ni.de/images/stories/download/medien/DGE_DGEQualitaetsstandard_Schulverpflegung_4.Auflage_2014.pdf

[5] Zu bestellen unter:
www.dge-medienservice.de/fach-und-schulungsmedien.html

Wissenswertes für Lehrkräfte

6. Partizipation

Dr. Frank Corleis, SCHUBZ Umweltbildungszentrum Lüneburg e. V.

Schülerfirmen als Fair Trade Botschafter – Methode zur Partizipation

Die Bedeutung von Partizipation für eine nachhaltige Entwicklung wird im politischen und wissenschaftlichen Diskurs immer wieder hervorgehoben. Es besteht weitgehend Konsens, dass eine nachhaltige Entwicklung ein grundsätzliches Umdenken erfordert im Verhältnis von Mensch und Natur mit Konsequenzen für Lebens- und Wirtschaftsweise und entsprechend eine Auseinandersetzung mit Werten, Normen und Lebensweisen (vgl. Grunwald/Kopfmüller, 2006). Wichtig im Sinne einer Bildung für nachhaltige Entwicklung (BNE) ist, die einzigartige Sichtweise von Kindern und Jugendlichen herauszustellen – ihre Meinung zur Zukunft wird als besonders wertvoll eingeschätzt (vgl. BMU, 1997).

Partizipation von Kindern und Jugendlichen ist nicht neu. Die rechtlichen Grundlagen legte die UN-Kinderrechtskonvention im Jahr 1990. Das Kind anzuhören wird danach als Partizipation verstanden (vgl. Moser, 2010). Auch andere rechtsstaatliche Grundlagen wie Grundgesetz, Bürgerliches Gesetzbuch oder Kinder- und Jugendhilfegesetz sehen die Beteiligung von Kindern und Jugendlichen als „freie Entfaltung der Persönlichkeit" oder als „Einvernehmen mit den Eltern" vor (ebd.).

Entgegen öffentlicher Behauptungen, Jugendliche seien gesellschaftlich desinteressiert und ohne Engagement, weisen aktuelle Jugendstudien ein anderes Bild auf: „Jugendliche wollen sich engagieren. Sie möchten sich einmischen und ihre Zukunftsperspektiven und Wertevorstellungen an sozialen und gesellschaftlichen Themen ausrichten" (Gille, 2014). Vor allem die Altersgruppe der 14- bis 19-jährigen gilt als engagiert. Wenn auch in den letzten Jahren etwas rückläufig, benennen im Freiwilligensurvey 2009 immerhin 36 % dieser Altersgruppe Engagement als wichtigstes informelles Lernfeld (vgl. BMFSFJ, 2010). Die Motivation hat sich allerdings verändert: hin zu einer stärkeren Nutzen-Orientierung. Jungen Menschen ist es demnach zunehmend wichtig, ihr Engagement als Qualifikationschance zu nutzen: Sie wollen damit erworbene Qualifikationen wie Projekt- und Zeitmanagement oder Leitungskompetenz für ihr persönliches berufliches Fortkommen verwenden. Nach wie vor sind aber Spaß an der Tätigkeit sowie sozialer Kontakt die wichtigsten Beweggründe. Gille (2014) fasst die Motive von Jugendlichen für ihr Engagement treffend zusammen: „Der jungen Generation, die häufig auch als pragmatische Generation bezeichnet wird, sind prosoziale Werte, wie die Bereitschaft, anderen Menschen zu helfen oder Verantwortung zu übernehmen, sehr wichtig. Zugleich sind sie stark leistungsorientiert".

Kötters/Schmidt/Ziegler (2001) formulieren den Begriff einer „unterrichtlichen Partizipationskultur" aus. Partizipation im Unterricht werde von unterschiedlichen Indikatoren bestimmt, die über die bloße Mitentscheidung über die Unterrichtsgestaltung hinausgingen. Zusätzlich müssten methodische Möglichkeiten geschaffen werden, mit denen kooperative Lernformen initiiert werden. Des Weiteren müssten die Schüler*innen erst einmal befähigt werden, selbstbestimmt und selbstorganisiert zu lernen. Zur Partizipationskultur gehöre auch, wie Lehrkräfte mit ihren Schüler*innen umgehen. Schülerpartizipation kann nach Meinung der Autor*innen nur realisiert werden, wenn das Verhalten der Lehrkräfte von Vertrauen, Nähe und Schülerorientierung geprägt sei.

Die einzelne Klasse bietet einen geschützten Raum, in dem Partizipation eingeübt und entsprechende Fähigkeiten gefördert werden können. Künzli (2007) weist darauf hin, dass für schulische Partizipation klare und verbindliche Strukturen, Regeln, Erwartungen und Verpflichtungen erforderlich seien, die mit den Schüler*innen ausgehandelt werden.

Zudem gebe es einen Zusammenhang zwischen erfahrenen Partizipationsmöglichkeiten und Partizipationsbereitschaft. Daher komme der Schule als Erfahrungsraum für Partizipation eine wichtige Rolle zu.

Bereits in der Abschlusserklärung bei der Konferenz für Umwelt und Entwicklung (UNCED) 1992 in Rio de Janeiro hieß es, dass „eine der Grundvoraussetzungen für die Erziehung einer nachhaltigen Entwicklung die umfassende Beteiligung der Öffentlichkeit an der Entscheidungsfindung ist" (BMU, 1997). Dieser internationale Partizipationsdiskurs wurde 1998 auf europäischer Ebene aufgenommen und mit Richtlinien der Europäischen Union institutionalisiert (vgl. Bollow et al., 2014). Somit ist Partizipation an umwelt- und nachhaltigkeitsbezogenen Entscheidungen zunehmend rechtlich abgesichert worden. Stoltenberg (2003) ergänzt diesen Diskurs: Sie sieht Partizipation „als aktive Beteiligung der Gesellschaftsmitglieder, um in gesellschaftlichen Aushandlungsprozessen zu entscheiden, wie in Zukunft gelebt werden kann."

In der Agenda 21 wird den Kindern und Jugendlichen im Hinblick auf nachhaltige Entwicklung eine besondere Rolle beigemessen. Kinder und Jugendliche werden nicht zu Betroffenen erklärt, sondern als aktive Kräfte um ihre Meinung gebeten. Das Besondere der Agenda ist daher das Herausstellen der einzigartigen Sicht von Jugendlichen und Kindern, die „als besondere Qualität" bezeichnet wird (vgl. BMU, 1997).

Während das bisherige Partizipationsverständnis im Zusammenhang mit demokratietheoretischen Positionen zu sehen ist, erhält Partizipation im Kontext einer nachhaltigen Entwicklung eine neue Qualität: Ausgangspunkt ist hier die Problemwahrnehmung, die Feststellung sozialer, ökologischer und ökonomischer Missverhältnisse (vgl. Grundwald/Kopfmüller 2006). Somit ist Partizipation im Zusammenhang mit nachhaltiger Entwicklung nicht mehr allein aus der Legitimation von Entscheidungen, der Schaffung von Akzeptanz oder der Betroffenheit von Akteur*innen zu begründen. Mit dem ethischen Prinzip der Gerechtigkeit wird die Möglichkeit zur Partizipation eines jeden Menschen, und hier auch von Kindern und Jugendlichen, zu einem grundlegenden Anspruch (vgl. Kurrat, 2010: 39).

Im Konzept nachhaltiger Entwicklung stellen die komplexen Problemlagen und die Zukunftsorientierung besondere Herausforderungen dar, sodass insbesondere der Umgang mit Nichtwissen und Unsicherheit die Beteiligung von Expert*innen erforderlich macht. Partizipation wird zu einem gesellschaftlichen Such- und Lernprozess mit dem Ziel, Wege zu einer nachhaltigen Entwicklung zu finden (vgl. Stoltenberg, 2007). Dieser Prozess beinhaltet neben kognitivem Wissen die Reflexion und Weiterentwicklung von normativen Orientierungen, Konflikterkennung und -bewältigung, Relevanzbeurteilung sowie das Einschätzen von möglichen Folgen von Maßnahmen.

Die gesellschaftlichen Akteur*innen werden zu aktiven Mitgestalter*innen (vgl. Grunwald/Kopfmüller, 2006). Kurrat (2010) weist darauf hin, dass Partizipation immer auch vor dem „Hintergrund der Verwirklichungs- und Ermöglichungsbedingungen" betrachtet werden muss. Somit wird Partizipation im Kontext nachhaltiger Entwicklung zum offenen Verfahren, das unterschiedliche Akteur*innen, Situationen und Problemstellungen einbezieht.

Lernen ist bei der Partizipation im Hinblick auf nachhaltige Entwicklung nicht Selbstzweck, sondern dient dem Lösen von Problemen. Dabei sind nicht immer alle gesellschaftlichen Fragen relevant, auch nicht alle Fragen, von denen Kinder und Jugendliche betroffen sind. Es gilt vielmehr, die didaktischen Schlüsselthemen der BNE in den Blick der Partizipation zu nehmen (vgl. Kurrat, 2010).

Das Thema Fair Trade bietet sich dabei besonders an, da es schülersituiert globale Gerechtigkeitsfragen in den Blick nimmt und Partizipation in der eigenen Schule im Konsum eingeübt werden kann. Im Setting Schülerfirma indiziert der Verkauf von Fair Trade Produkten bereits Partizipation, da die Schüler*innen durch das Verkaufen selbst zu Botschaftern werden. Darüber hinausgehende partizipative Methoden sowie das Aktivwerden von Schüler*innen als Peer Leader über das Schulumfeld hinaus werden in diesem Kapitel vorgestellt.

Weiterführende Literatur

BMFSFJ Bundesministerium für Familie, Senioren, Frauen und Jugend (Hrsg.) (2010): Hauptbericht des Freiwilligensurveys 2009 –Zivilgesellschaft, soziales Kapital und freiwilliges Engagement in Deutschland 1999-2004-2009. Berlin.BMU Bundesministerium für Umwelt, Naturschutz und Reaktorsicherheit (Hrsg.) (1997): Umweltpolitik. Agenda 21. Konferenz der Vereinten Nationen für Umwelt und Entwicklung im Juni 1992 in Rio de Janeiro – Dokumente. 2. Auflage, Bonn.

Grunwald, A./Kopfmüller, J. (2006): Nachhaltigkeit. Frankfurt/M.

Gille, M. (2014): Schüler 2014 – Engagement und Partizipation. Seelze.

Kötters, C./Schmidt, R./Ziegler, C. (2001): Partizipation im Unterricht – Zur Differenz von Erfahrung und Ideal partizipativer Verhältnisse im Unterricht und deren Verarbeitung. In: Böhme, J./Kramer, R.-T. (Hrsg.): Partizipation in der Schule. Opladen, S. 93-122.

Kurrat, A. (2010): Bildung für eine nachhaltige Entwicklung in der Grundschule – Implementationschancen aus der Perspektive Partizipation. Berlin.

Künzli David, C. (2007): Zukunft mitgestalten. Band 4: Prisma Beiträge zur Erziehungswissenschaft aus historischer, psychologischer und soziologischer Perspektive. Bern.

Moser, S. (2010): Beteiligt sein – Partizipation aus der Sicht von Jugendlichen. Wiesbaden.

Stoltenberg, U. (2007): Gesellschaftliches Lernen und Partizipation. In: Jonuschat, H./Baranek, E./Behrendt, M. (Hrsg.): Partizipation und Nachhaltigkeit. München, S. 96-105.

Unterrichtstipps für Lehrkräfte

Werdet aktiv!

Jonas Marhoff, Studierender der Umweltwissenschaften an der Leuphana Universität, zusammen mit Hanna Kamieth und Lena Wäbs, SCHUBZ Umweltbildungszentrum Lüneburg e. V.

Methoden zur kreativen Ideenfindung und Umsetzung von Projekten

Die Idee dieser Lehreinheit ist es, auszuprobieren, wie man in einem kreativen, nicht angespannten Rahmen nach neuen Ideen für Projekte oder Aktionen im Rahmen der Schülerfirmenarbeit oder im Schulalltag suchen kann.

Kopieren Sie Ihren Schüler*innen folgenden Tipp:

Tipp für Schüler*innen

Für einen entspannten Rahmen könnt ihr erst einmal selbst sorgen, indem ihr eine gute Zeit für ein Treffen mit eurer Schülerfirma wählt und zum Beispiel (faire) Kekse mitbringt. Vielleicht habt ihr ja sogar einen eigenen Raum für eure Schülerfirma.

Egal wie ihr es macht: Ein angenehmes Umfeld wirkt sich in jedem Fall stark auf die Kreativität aus. Auch viele große Unternehmen haben Kreativ-Räume mit Kaffeetreffpunkten, Sesseln, Wänden mit Tafellack zum Beschreiben, Buntstiften und Bastelmaterialien, damit Mitarbeitende einen Raum zum Nachdenken und Tüfteln haben.

Gemeinsam könnt ihr einen Kreativ-Raum gestalten.

Manchmal kommt man trotz kreativem Freiraum nicht mit seiner Idee weiter, oder man kann sich einfach nicht für das eine oder für das andere entscheiden. Für solche Fälle gibt es eine große Auswahl an Kreativtechniken. Diese fördern nicht nur das Problemlösen, sondern auch indirekt die Teambildung und Motivation.

Kurzbeschreibung der Methode: Kennenlernen von Kreativtechniken

Benötigte Zeit:	180 Minuten
Anzahl der Schüler*innen:	30
Materialbedarf:	Flipcharts, Stifte, Knete, Klebepunkte, kreative Fotoaufnahmen, Moderationskarten, Aktions-Lose, Anlass-Lose, Kreide

Als Praktikant im SCHUBZ Umweltbildungszentrum entwickelte Jonas Marhoff mit Hanna Kamieth und Lena Wäbs eine Workshopeinheit zur kreativen Ideenfindung und Vorstellung verschiedener Aktionsformen, um Schüler*innen zu Botschaftern des Fairen Handels auszubilden.

Detaillierter Ablauf

Den Schüler*innen wird ein *Szenario* vorgestellt:

Stellt euch vor, ihr habt eine Schülerfirma gegründet, die Schokoladenkuchenverkäufe in den Hofpausen organisiert. Für den Kuchen verwendet ihr natürlich Fair Trade Schokolade. Jetzt ist das Projekt ein halbes Jahr alt, aber es läuft noch nicht so gut: Zwar kaufen Schüler*innen und Lehrer*innen euren Kuchen, aber nicht genug, um die Kosten zu decken. Außerdem gibt es einen Bäcker in der Nähe. Da er das Kuchenbacken professionell macht, werdet ihr es nicht schaffen, ihn preislich zu unterbieten. Eure Idee an sich findet ihr trotzdem sinnvoll und gut und bekommt das auch von vielen Mitschüler*innen gesagt.

Die erste Kreativmethode wird von der gesamten Gruppe durchgeführt. Anschließend wird die Klasse/Gruppe geteilt. Methode 2 und 3 werden von der einen Hälfte der Klasse durchgeführt. Methode 4 und 5 von der anderen Hälfte.

Methode 1: Bilderassoziationen

Aus Büchern oder dem Internet können lizenzfreie kreative und außergewöhnliche Fotoaufnahmen kopiert bzw. ausgedruckt werden, z. B. eine steile Straße, sehr buntes Bonbonpapier, ein Abhang, Müllberge, ein einsamer Weg, ein Wellness-Schokoladenbad, Kabelsalat, Pfauenfedern etc. Der Kreativität sind keine Grenzen gesetzt. Die Bilder werden vorne auf einem Tisch ausgelegt.

Die Aufgabe wird besprochen und besteht darin, die Bilder mit der Frage „Woran denke ich beim KuchenFairKauf" in Verbindung zu bringen.
Jede Schülerin und jeder Schüler darf sich erst jetzt ein Bild aussuchen.
Die Assoziation von Bild und KuchenFairKauf wird in zwei bis drei Sätzen auf der Rückseite des Bildes notiert.

Methode 2: Erfahrungskompass

Um am Anfang eines Planungsprozesses für eine Aktionsidee ein Bild davon zu bekommen, was die Projektteilnehmenden schon über das Thema wissen, lohnt es sich, eine Methode wie Brainstorming oder Mindmapping zu verwenden. Sie hilft dabei, **alle Informationen, positive und negative Erfahrungen und noch offenen Fragen** zu sammeln. Wichtig ist, nicht zu kritisieren, damit sich alle trauen, etwas zu sagen. Das Ziel ist es nämlich, eine möglichst breite Basis zu haben, auf die dann der eigentliche kreative Prozess aufbauen kann.

Leitfrage:

Welche Erfahrungen haben wir beim Verkauf von fair gehandelten Produkten?

Die Schüler*innen überlegen sich Stichpunkte zu folgenden Bereichen. Gemeinsam werden die Punkte z. B. auf einem Flipchart gesammelt.

Positive Erfahrungen, aber noch keine Lösungen, weil sonst der kreative Denkprozess eventuell schon zu früh vorbei ist. Bsp.: positives Feedback, gutes Gefühl, mehr Geld.

Negative Erfahrungen, Probleme. Bsp.: zu teuer bzw. zu wenig Verkauf, es bleibt weniger Geld, Einkauf komplizierter.

? Bedenken, offene Fragen. Bsp.: Wie viel Geld sind die Mitschüler*innen bereit zu zahlen? Warum kaufen die Mitschüler*innen so wenig Kuchen?

! Zusätzliche Informationen. Bsp.: alles, was nicht anders eingeordnet werden kann.

Um nun Lösungen für den KuchenFairKauf zu finden, eignen sich auch Kreativ-Pausen.

Methode 3: Kreativ-Pausen

Kneten als Denkpause: Eine Möglichkeit, ohne Leistungsdruck seine Kreativität anzukurbeln, ist Kneten! Allgemein kann alles geknetet werden, was den Teilnehmenden in den Kopf kommt. Im Hinblick auf unser Thema ist es sinnvoll, z. B. etwas zu kneten, was bei einem schönen Kuchenverkauf nicht fehlen darf!

Methode 4: Statuenkonflikt

Augusto Boal (1989):
Theater der Unterdrückten. Frankfurt/M.)

Die Teilnehmenden stellen die Situation des KuchenFairKaufs als Standbild dar (z. B. traurige Verkäufer*innen). Zwei Personen werden zu einem Statuen-Ensemble,

wobei die eine Person die Statue ist und die andere als Bildhauer*in die Statue „formt". Nun verharren die Statuen eine Weile in ihrer Position und beschreiben anschließend ihre Situation.

Gemeinsam wird überlegt, was den Statuen helfen könnte und wie man zu einer besseren Situation kommt. Wenn man die Lösungsansätze gesammelt hat, können die Bildhauer*innen eine Idealsituation mit den Statuen darstellen.

Methode 5: 635-Methode

Bei der **635-Methode** haben die Personen jeweils ein Blatt Papier mit drei Spalten und einigen Zeilen vor sich. Jede/jeder startet in der ersten Zeile und schreibt drei Ideen zum KuchenFairKauf auf. Nach ca. fünf Minuten wird das Papier nach rechts weitergegeben und der Nächste ergänzt oder verbessert die drei Ideen in der folgenden Zeile.

Dies wird so lange fortgesetzt, bis alle Spalten gefüllt sind und keine Ideen mehr im Raum stehen. Am Ende können die entstandenen Ideen vorgestellt und mit Klebepunkten bewertet werden. Jede Schülerin und jeder Schüler erhält beispielsweise drei Klebepunkte, die er/sie auf die Ideen verteilen darf.

Methoden zur Umsetzung von Aktionen

Eine Methode, den KuchenFairKauf anzukurbeln, ist sicher im Verlauf der Unterrichtseinheit angesprochen worden: Der gesellschaftliche Mehrwert des etwas teureren, fairen Kuchens muss den Konsument*innen bewusst werden. Hierfür ist bestimmt die Bewusstseinsbildung über Aktionen genannt worden. Eine Aktion können die Schüler*innen nun selbst planen.

Detaillierter Ablauf

Einstieg

Mindmap: Für den Begriff Aktion gibt es keine einheitliche Definition. Deshalb ist es sinnvoll, in einem Brainstorming zu sammeln, was die Schüler*innen unter diesem Begriff verstehen.

An der Tafel können Beispiele gesammelt und eingeteilt werden (siehe Tabelle). Es gibt also sehr viele unterschiedliche Möglichkeiten, auf etwas aufmerksam zu machen.

spektakuläre Aktionen	künstlerische Aktionen	Medien	Live-Performance	Aktionen zum Mitmachen
Beispiele: Als Angela Merkel 2010 ein AKW besuchte, projizierte Greenpeace ein riesiges Bild an den Kühlturm. Das „Zentrum für politische Schönheit" schaufelte symbolisch Gräber für Flüchtlinge, die auf dem Weg nach Europa ihr Leben verloren hatten.	Beispiele: Gedicht, Lied, Film, Street Art, Straßenzeitung, Kreidezeichnung auf der Straße, Urban Knitting, coole Verpackungen aus TetraPaks für eigene Produkte basteln (Upcycling)	Beispiele: Blog, Fotoreihe, Radiobeitrag, Zeitung, Filmbeitrag, faires Kochbuch, Flyer, Plakat, Artikel in der Schülerzeitung, Einkaufsführer	Beispiele: Flashmob, Standbild, Straßentheater, interaktive Ausstellung, Song schreiben und aufführen	Beispiele: Schulveranstaltung, Petition, Aufruf, Wettbewerb, Rallye, Upcycling- oder Kleidertausch-Party, Challenge (wer verschwendet am wenigsten Lebensmittel in einer Woche?), Tausch- oder Sammelaktion, Eine-Welt-Frühstück, konsumkritische Stadtführung, Benefizlauf, Verkostung

Anmerkung: Spektakuläre Aktionen machen echte Profis, die viel Erfahrung haben und genau wissen, was sie mit Aktionen erreichen wollen. Die Schüler*innen sollten Aktionen organisieren, ohne dabei Leben zu riskieren und ohne dass sie danach einen guten Anwalt brauchen!

Was gehört zu einer Aktion?

Nachdem nun jede Schülerin und jeder Schüler eine Vorstellung davon hat, was Aktionen sein können, wird in Kleingruppen (vier Kleingruppen bilden) eine Aktion zur Anfangsfrage geplant: Wie schaffen wir es, Mitschüler*innen davon zu überzeugen, unseren fairen Kuchen zu kaufen?

Bevor eine Aktion beginnt, sollte man sich sicher sein, was man vermitteln möchte und an wen. Auch über die Ziele und die Wirkung sollte man sich im Klaren sein. Eine große Hilfe ist es, wenn sich die Schüler*innen vorab Gedanken darüber machen – ihre Aktion also gut planen! Die Planungstabelle hilft dabei.

Tipp: Bevor die Schüler*innen die Tabelle ausfüllen, kann das Beispiel einer bekannten, spektakulären Aktion gemeinsam bearbeitet werden.

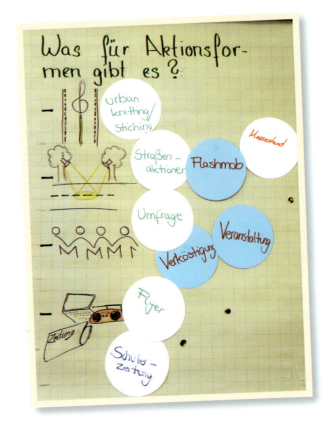

Die Planung – Checkliste:

Sender	Wer möchte etwas vermitteln?	
Botschaft/Inhalt	Was soll vermittelt werden?	
Medium/Kanal	Wie soll es vermittelt werden?	
Empfänger	An wen geht die Botschaft?	
Ziel/angestrebte Wirkung	Welche Reaktion will man hervorrufen? (z. B. Sympathie, Vertrauen, Empörung, ...)	

Aktionen planen:

Damit nicht jede Kleingruppe die gleiche Aktionsform wählt und es spannend bleibt, wird die Aktionsform und auch das Ziel/die Botschaft zugelost. Als Hilfestellung für die Schüler*innen kann das Arbeitsblatt „Werdet aktiv – werdet Botschafter" ausgeteilt werden.

Die Lehrkraft hat Aktions-Lose und Anlass-Lose vorbereitet:

Aktions-Lose	Anlass-Lose (Ziel/Botschaft)
Straßentheater	Die Zutaten in unserem Kuchen sind fair! Fairer Handel zahlt gerechte Löhne.
Flashmob	Die Zutaten in unserem Kuchen sind fair! Fairer Handel bedeutet keine ausbeuterische Kinderarbeit.
Filmdreh	Auch die Milch in unserem Kuchen ist fair! Wir zahlen für die Milch einen fairen Preis. So wird die Milchwirtschaft gerechter.
Streetart/Kreideaktion	Die Zutaten in unserem Kuchen sind fair! Fairer Handel bedeutet weniger Preisschwankungen für Kleinbäuer*innen und Lohnarbeiter*innen.
Wettbewerb/Challenge	Die Zutaten in unserem Kuchen sind fair! Zurück zum Genuss! Weniger Schokolade, aber dafür fair!

Jede Kleingruppe zieht jeweils ein Aktions-Los und ein Anlass-Los. Die Kombination aus beiden setzen sie um. Die Teilnehmenden erarbeiten in ihren Kleingruppen mithilfe von Papier, Stiften und Kreide oder auch mit Gestik, Mimik und Standbildern spielerisch ihre Aktionen. Im Plenum präsentieren, spielen oder zeigen sie die Aktionen ihren Mitschüler*innen. Wichtig ist hierbei, dass die Aktion nicht nur vorgetragen, sondern wirklich aktiv präsentiert wird – genau wie man es später auch in der Realität umsetzen würde. Erst dann macht es richtig Spaß! Die anderen Gruppen hören und schauen zu und untersuchen anschließend anhand der Checkliste die Aktion.

Weiterführende Literatur

Bessand, A./Arenhövel, M. (2014): Logbuch Politik – Thema im Unterricht/Extra. Hrsg. von der, Bundeszentrale für politische Bildung. 1. Aufl., Bonn.

BUND-Jugend (2006): Zukunftsscouts – zeigen wo's langgeht! Magazin zum Wettbewerb der BUND-Jugend Nordrhein-Westfalen. Soest.

BUND-Jugend/Eine Welt Netz NRW (Hrsg.) (2014): Einfach ganz ANDERS – Ganztagsschulen für mehr Nachhaltigkeit: Aktionsheft Werde Akivist*in! Soest/Münster.

Gute Hinweise zur Organisation und Planung von Aktionen mit hilfreichen rechtlichen Rahmenbedingungen und Vorbereitung auf Stolpersteine!

www.einfachganzanders.de

Scholz, L. (2016): Methoden-Kiste – Thema im Unterricht/Extra. Hrsg. von der Bundeszentrale für politische Bildung. 7. Aufl., Bonn.

Von der Idee zur Umsetzung - Zeitplan und Aufgabenverteilung

Nachdem die Schüler*innen eine Aktion für den fiktiven KuchenFairKauf geplant haben, sollen sie nun die Umsetzung durchspielen.

Wichtig ist, dass aus der großen Idee konkrete Schritte werden. Diese Schritte führen zu Meilensteinen, für die Verantwortliche benannt werden. So entsteht ein Fahrplan für die Aktion.

Der Fahrplan sollte sehr groß im Raum präsentiert werden, z. B. auf einem langen Band Packpapier. Aufgaben können farbig markiert und erledigte Schritte durchgestrichen werden. Durch den sichtbaren Fahrplan wissen alle in der Gruppe, an welchem Punkt die Planung gerade steht.

Tabelle: Beispiel für einen Zeitplan

Dauer und Termin	Aufgaben und Teilaufgaben	Kapazitäten/Person	Details
zu erledigen bis 12.08.17	Finanzierung einwerben a) Anschreiben vorbereiten	Jonas (innerhalb der wöchentlichen zwei Freistunden)	Potenzielle Geldgeber*innen/Spender*innen ansprechen: z. B. Weltladen, Supermarkt, Eltern, Sparkasse
zu erledigen bis 12.08.17	Räumlichkeiten organisieren	Steffie und Hanna (während der AG-Stunden)	Suche nach Räumlichkeiten, Terminabsprache: Wann (Uhrzeit) kann der Verkauf stattfinden? Klärung, wer auf- und zuschließt
zu erledigen bis 12.11.17	Kommunikation	Bernd und Sigrid (in den Freistunden)	Schreiben und Abstimmung einer Einladung an Mitschüler*innen und Eltern, Gestaltung des Flyers mit allen notwendigen Informationen
18.12.17	Einkauf	Tamara und Eltern	Organisation der Zutaten, Gläser, Besteck und Teller, Servietten für Deko
20.12.17 10.00 Uhr	Aufbau	Gesamtes Team	Tische stellen, dekorieren, Tee kochen

**20.12.17 weihnachtlicher KuchenFairKauf
12.00 Uhr im Vorraum der Aula**

Unterrichtstipps für Lehrkräfte

Sei ein Botschafter!

Harald Kleem und Peers (Peer-Leader-International (PLI)

Botschafter sind Repräsentanten für ein bestimmtes Thema, eine Initiative oder eine Einrichtung, sie stehen hinter den Leitgedanken dieser Projekte und sensibilisieren für die Thematik. Sie haben die Aufgabe, Vorbild zu sein, Netzwerke aufzubauen, sind Ansprechpartner und übernehmen damit eine gesellschaftliche Verantwortung.

Engagierte junge Menschen können besondere Botschafter sein: Sie motivieren als Peer-Leader Gleichaltrige und setzen sich gemeinsam für Gerechtigkeit in der globalisierten Welt ein.

Peer-Leader sind junge Menschen, die in einem internationalen Netzwerk miteinander lernen, eigenständig Projekte zu planen, zu realisieren und auszuwerten. Sie beteiligen sich aktiv lokal, regional und international. Die Herausforderung für Peers, die selbst Jugendliche sind, liegt darin, andere Schüler*innen in einer Schülerfirma, die noch wenig Erfahrung mit internationaler Zusammenarbeit haben, zu motivieren und mit ihnen ein gemeinsames Ziel zu formulieren, das die klassischen Grenzen des Unterrichtes und eventuell auch des persönlichen Umfeldes überschreitet.

Während Kinder noch fantasieren und mit ihren Ideen die Grenzen des Denkens sprengen, wird älteren Schüler*innen oft das Fantasieren abtrainiert. Selten nur werden sie nach Interessen gefragt, selten gibt es Zeit und Raum im Schulrahmen, diese Interessen auch zu verwirklichen. Handlungskompetenzen werden – so Prof. Barbara Asbrand von der Universität Frankfurt – in der Schule wenig entwickelt, wenn überhaupt, dann in Nischen: während Projekttagen, in Schülerfirmen, in Arbeitsgemeinschaften. Auch bei diesen Aktivitäten stehen jedoch implizit das Ergebnis und das Vorgehen bereits fest. Die Schüler*innen können eigenständig wenig umsetzen. In einer solchen Lernumgebung wird wenig eigene Energie frei, etwas zu realisieren, dessen Hintergründe man verstanden und dessen Notwendigkeit man erkannt hat, zum Beispiel, soziale Missstände kreativ zu lösen.

Werden Schüler*innen tatsächlich einmal gefragt, welche Möglichkeiten sie sehen, Fairen Handel durchzusetzen, können sie diese Frage nur im Rahmen der erlernten Spielräume beantworten. Kreative oder gar visionäre Ideen findet man selten: „Thin Democracy" – so heißt Demokratie, die formal existiert, in der Realität aber nicht

> Peer-Leader-International (PLI) ist ein Projekt, das von den Ostrhauderfehner Vereinen PARTNERSCHAFT MIRANTAO e. V. und ZUKUNFT LEBEN e. V. initiiert wurde. Neben dem Standort im ostfriesischen Ostrhauderfehn gibt es weitere Peer-Leader-Teams in Braunschweig, Südafrika, Brasilien, Bosnien und Herzegowina. PLI arbeitet mit Organisationen und engagierten Jugendlichen in und aus Ägypten, Tunesien, Israel, der Ukraine und Afghanistan zusammen. Peer-Leader-International gibt 13- bis 20-Jährigen Möglichkeiten, sich auszuprobieren, Neues kennenzulernen und sich dadurch auf ein selbstbestimmtes, engagiertes und weltoffenes Leben vorzubereiten. Alle PLI-Projekte werden von den ersten Ideen bis hin zur systematischen Realisierung von den Jugendlichen selbst entwickelt.

gefüllt wird. Also ist die Idee, weitere Handlungsoptionen zu entwickeln, durchaus eine Idee, die von den Schüler*innen erst verstanden werden muss.

Eine Veränderung ist in einem kurzen Workshop nicht zu realisieren, sondern – so etliche Promotor*innen für nachhaltige Entwicklung – durch eine Strukturveränderung von Schule zu erreichen; weg vom Fach- und Inputprinzip, hin zu deutlich mehr interdisziplinärer Arbeit und Projektangeboten mit deutlich mehr Kooperationen innerhalb der Bildungslandschaft. Der Orientierungsrahmen „Globale Entwicklung im Rahmen einer Bildung für nachhaltige Entwicklung" spricht hier vom „Whole School Approach": Die Fragehaltung für komplexe gesellschaftliche Zukunftsaufgaben muss sich in einer für Fragen und Antworten offenen Schule widerspiegeln.

Kurzbeschreibung der Methode:
Abfrage der Vorerfahrung als Botschafter und Gruppenarbeit

Benötigte Zeit:	3 Schulstunden
Anzahl der Schüler*innen:	30
Materialbedarf:	Flipcharts, Stifte

Detaillierter Ablauf

1. Mindmap:

Um eine gemeinsame Botschaft zu finden, ist es sinnvoll, sich noch einmal mit dem Fairen Handel zu beschäftigen. Hier bietet sich eine Stichwortsammlung in Form einer Mindmap an.

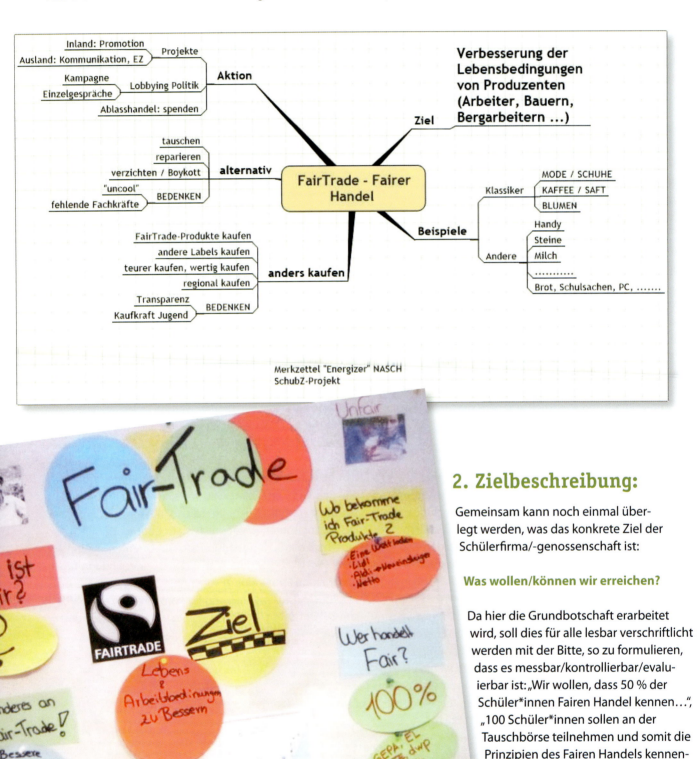

2. Zielbeschreibung:

Gemeinsam kann noch einmal überlegt werden, was das konkrete Ziel der Schülerfirma/-genossenschaft ist:

Was wollen/können wir erreichen?

Da hier die Grundbotschaft erarbeitet wird, soll dies für alle lesbar verschriftlicht werden mit der Bitte, so zu formulieren, dass es messbar/kontrollierbar/evaluierbar ist: „Wir wollen, dass 50 % der Schüler*innen Fairen Handel kennen…", „100 Schüler*innen sollen an der Tauschbörse teilnehmen und somit die Prinzipien des Fairen Handels kennenlernen" etc.

3. Eigenschaften eines Botschafters:

Die Erfahrungen der Peers zeigen, dass der Peer-Ansatz besondere Ausstrahlung und Wirkung hat, wenn

- das Ziel klar ist,

- die Teammitglieder das Ziel als das „ihrige" bezeichnen (sie dafür „brennen"),

- das Team untereinander eine gute Beziehung hat und

- viele unterschiedliche Methoden und Aktionsformen kennt.

Zunächst können die Schüler*innen überlegen, welche Eigenschaften gute Botschafter haben sollten. Gemeinsam an der Tafel werden die Vorerfahrungen der Schüler*innen als Botschafter/Verkäufer*in gesammelt:

Wie ist ein GUTER Fair Trade Botschafter?

Ebene: Ich

Was macht ein gutes Fair Trade Botschafter-Team aus?

Ebene: Team

Was sind die Methoden/Werkzeuge, um ein guter Fair Trade Botschafter zu sein?

Ebene: Methoden

Tipp: Als Impuls kann ein kurzes Rollenspiel mit einigen Schüler*innen vorab gespielt werden!

Rollenspiel mit Negativrollen: Was ist KEIN guter Botschafter?

Rolle 1 (Käufer*in): Ist informiert und möchte wissen, ob es auch fair gehandelte Produkte im Angebot der Schülerfirma gibt. Fragt nach nachhaltigen Alternativen, wenn Fair Trade nicht verkauft wird.

Rolle 2 (Verkäufer*in): Der Verkäufer bzw. die Verkäuferin ist leider unmotiviert, uninformiert, ggf. gibt es Streit unter den Mitarbeitenden, Umweltschutz und Arbeitsbedingungen der Produzent*innen sind unwichtig.

Frage an das Publikum: Was ist euch aufgefallen?

Mögliche Antworten:

Wie ist ein GUTER Fair Trade Botschafter? Ebene: Ich	Was macht ein gutes Fair Trade Botschafter-Team aus? Ebene: Team	Was sind die Methoden/Werkzeuge, um ein guter Fair Trade Botschafter zu sein? Ebene: Methoden
Ist authentisch	Erkennen Fähigkeiten der Einzelnen und fördern diese	Verkaufstraining (z. B. Sandwichtechnik, Verständnis für Kund*innen, positive Gesprächsführung, siehe „Clever überzeugen" im Marketingkonzept)
Überzeugt mit Beispielen	Sind als Einheit erkennbar (Kleidung mit Logo)	Motivieren, vorbereiten, bilden: Informationen sammeln, Plakate nutzen, Stellwände
Kann Fragen beantworten	Haben ein klares, gemeinsames Ziel	Aufmerksamkeit gewinnen über Bilder, Videos, Ironie, Aktionen, Satire
Ist souverän	Lernen ständig dazu	Politik: Lobbyarbeit, direkte Gespräche, Beteiligung an NGO-Arbeit
Kann motivieren	Verzeihen Fehler	Zeit und Ressourcen managen (Arbeitsteilung und Zeitpläne)
Ist glaubwürdig (kauft selbst fair)	Helfen sich gegenseitig	
Ist emphatisch		
Ist zuverlässig		

4. Gruppenarbeit

Nach dem Zusammentragen können die Listen in Gruppenarbeit bearbeitet und durchdacht werden. Welche Konsequenzen ergeben sich daraus für das eigene Team?

a. **Persönliche Anforderung: Welche Methoden können beim Überzeugen helfen?**
(Beispiel: mehr Wissen zum Thema aufbauen, Rhetoriktraining)

b. **Welche Ressourcen bietet unsere Schule?**
(Beispiel: Training für neue Schüler*innen in der Schülerfirma; Materialien für die Herstellung von Plakaten; Lehrkräfte, die sich mit Projektmanagement auskennen)

c. **Mit welchen Gruppen/Einzelpersonen könnten wir innerhalb und außerhalb der Schule zusammenarbeiten?**
(Beispiel: Elternvertreter*innen, Schülervertretung, engagierte Lehrer*innen, Kooperation mit Jugendwerkstätten oder Weltläden)

d. **Fundraising: Woher beziehen wir Geld? Wer könnte uns sponsern? Woher erhalten wir Materialien?**
Beispiel: (Spendenlauf, Crowdfunding in der Schule)

e. **Wie werden wir bekannt?**
(Beispiel: soziale Medien, Printkampagnen, Radio; siehe „Kommunikation" im Marketingkonzept)

Abschluss:

Vorstellung der Gruppenarbeiten im Klassenverband

Die Gruppen stellen nacheinander Ihre Ergebnisse vor. Gemeinsam kann überlegt werden, welche Ideen sinnvoll sind und wie die Vorschläge umgesetzt werden können.

Tipp zum Argumentieren und Überzeugen im Unterricht

Argumentieren und Motivieren kann mit den Schüler*innen trainiert werden!

Sie brauchen acht freiwillige Schüler*innen (oder Zweier-Teams), die zu einem unbekannten Thema argumentieren. Das kann auch Spaß machen! Viele Präsentationen finden Sie zum Beispiel im Portal für Powerpoint-Karaoke KAPOPO unter: **www.kapopo.de**

Die Vortragenden bekommen jeweils einen Auftrag, den sie bei der Präsentation beachten sollen. Die Aufträge beziehen sich auf die Aspekte des „guten Vortragens". Der Rest der Gruppe beobachtet die Präsentationen genau und notiert die positiven und negativen Effekte.

Nach den Vorträgen können die gemeinsamen Erkenntnisse gesammelt werden. Notieren Sie an der Tafel: Wer überzeugen möchte, sollte …

Aufträge

Auftrag 1: Sei persönlich.

Bringe deine persönlichen Erfahrungen in den Vortrag ein. Erzähle eine kleine Geschichte oder eine Anekdote, die zum Thema passt. Dadurch bringst du deine eigene Persönlichkeit in den Vortrag ein und die Zuhörer*innen können sich besser mit dir und dem Thema identifizieren.

Auftrag 2: Sei herausfordernd.

Stelle deinen Zuhörer*innen eine provokante Frage zur Thematik. Bringe sie mit einer Frage zum Nachdenken. Dadurch beschäftigen sie sich mit der Thematik eventuell längerfristig.

Auftrag 3: Sei humorvoll.

Berichte über die Thematik humorvoll. Versuche, deine Zuhörer*innen zum Lachen oder zumindest zum Schmunzeln zu bringen. Gemeinsames Lachen stärkt Sympathien.

Auftrag 4: Mach etwas Unerwartetes.

Überrasche dein Publikum mit einer unerwarteten Präsentationstechnik. Das kann eine kurze Aufwärmübung sein („massiert kurz eure Ohren") oder eine Lockerungsübung. Eine Überraschung stärkt die Aufmerksamkeit deines Publikums.

Auftrag 5: Beziehe das Publikum ein.

Starte eine kurze Umfrage zum Thema: „Wer hat das auch schon einmal erlebt?" Oder bitte einen Freiwilligen, etwas dazu zu sagen. Durch diese Einbindung bleibt dein Vortrag besser im Gedächtnis der Zuhörerinnen und Zuhörer.

Auftrag 6: Zeige die Bedeutung von Gestik und Mimik.

Rede leise und versuche das Publikum nicht anzuschauen. Gestik und Mimik sind bei einer guten Präsentation sehr bedeutsam. Mal sehen, ob dein Verhalten deinen Mitschüler*innen negativ auffällt.

Auftrag 7: Beende deinen Vortrag mit einem guten Abschluss.

Beende die Präsentation spannend: mit einer Frage oder einem inspirierenden Ausblick. Ein positiver Abschluss mit dem Verweis auf Handlungsmöglichkeiten motiviert eher, etwas zu verändern, als ein negativer Abschluss.

Auftrag 8: Zeige die Bedeutung von Gestik.

Erzähle viel mit Händen. Versuche, übertrieben locker zu wirken. Vielleicht stellen deine Mitschüler*innen fest, dass ein übertriebenes Reden mit Händen eher vom Thema ablenkt.

Weitere Übungen zum Argumentieren und Überzeugen finden Sie hier:

https://wiki.zum.de/wiki/Argumentieren

Dr. Nadin Hermann, SCHUBZ Umweltbildungszentrum

Weiterführende Literatur

Joppich, A. (2014): Handbuch Peer Leader International. Lernen durch die gemeinschaftliche Entwicklung von Ideen. Ostrhauderfehn.

Arbeitsblätter für Schüler*innen

Werdet aktiv – werdet Botschafter!

Ihr habt nun viel über die Chancen und Risiken der Globalisierung gelernt und den Fairen Handel als alternatives Wirtschaftsmodell kennengelernt. Auch du kannst dich für eine gerechte Globalisierung einsetzen und Mitschüler*innen, Freunde, Bekannte, aber auch Unbekannte über faire Handelsbedingungen informieren.

Und ganz wichtig: „Think big" – denkt groß! Lasst euch von euren Ideen und eurer Kreativität leiten. Tauscht euch mit anderen Jugendlichen aus. Nutzt deren Erfahrungen und gebt im Gegenzug auch euer Wissen an andere weiter. So kann ein großer Ideenpool entstehen.

Tut euch zusammen, vernetzt euch und kooperiert. Gemeinsam könnt ihr viel mehr erreichen als jede und jeder allein.

Auf den nächsten Seiten findet ihr einige Ideen für Aktionen – lasst euch inspirieren!

Fair Trade Challenge

Schließt mit einer anderen Schülerfirma eine Wette ab: Wer sammelt mehr Unterschriften für z. B. die Einführung eines Fair Trade Tages in der Kantine oder die Kampagne „Fair Trade Kaffee ins Lehrerzimmer". Denkt euch selbst schöne Herausforderungen aus.

Kreideaktion

Du kannst eine Botschaft mitten auf dem Fußgängerweg hinterlassen. Du brauchst Kreide und einen guten kurzen Slogan, der auf die Thematik aufmerksam macht!

Flashmob

Ein Flashmob hinterlässt einen bleibenden Eindruck. Alleine auf Youtube gibt es Tausende Videos von Flashmobs überall auf der Welt. Warum organisierst du nicht einen Flashmob zum Thema Fairer Handel? Genug Menschen zum Mitmachen finden sich immer und der Kreativität sind keine Grenzen gesetzt.

Unsichtbares Theater
(nach Augusto Boal)

Eure Aufführung findet nicht auf einer Bühne statt, die Zuschauer*innen wissen nicht, dass sie gerade eine Theateraufführung schauen. Fangt einen Dialog auf öffentlichen Plätzen an, führt ein Streitgespräch über Fair Trade oder unterhaltet euch über die Lebensbedingungen von Näher*innen in Asien. Eure Zuhörer erleben euren Dialog als Realität. Euer Gespräch regt zum Nachdenken an!

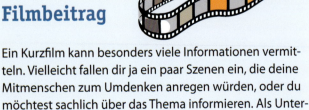

Filmbeitrag

Ein Kurzfilm kann besonders viele Informationen vermitteln. Vielleicht fallen dir ja ein paar Szenen ein, die deine Mitmenschen zum Umdenken anregen würden, oder du möchtest sachlich über das Thema informieren. Als Unterstützung kannst du in deinem Freundeskreis nachfragen und mit der Handykamera filmen.

Aktionen der Peer-Leader-International

Eine Kampagne der Peer-Leader, die erstaunliche Wirkung entfaltete

Peer-Leader auf Lesbos

Als Ergebnis einer systematischen Internetrecherche, in Auftrag gegeben durch das Niedersächsische Landesinstitut für schulische Qualitätsentwicklung (NLQ), entsteht derzeit eine Fach-Enzyklopädie zum Thema Flucht und Fluchtursachen. Sie wird Hintergrundinformation in Form von Filmen und Fachartikeln, themenbezogene Newsletter, Hinweise auf Organisationen sowie interessante Beiträge aus sozialen Medien enthalten. Die Idee zu dieser Datenbank entstand bei einer Aktion der Peer-Leader auf Lesbos. Bei der Vor- und Nachbereitung wurde den Schüler*innen bewusst, wie wenig von „echten" Erfahrungsberichten und Geschichten, die ein „Gesicht" haben, in Medien und letztendlich Schule ankommt.

Kleidertauschaktion

Wie eine Idee laufen lernte und plötzlich wirksam wurde

Begonnen hatte diese Aktion mit Diskussionen über Fair Trade unter den Peer-Leadern, in den Arbeitsgruppen und zwischen den Jugendlichen. Im Vordergrund stand der „Frust" über die geringen Möglichkeiten, Fair Trade im eigenen Alltag umzusetzen, weil die Kosten zu hoch sind. Neues Outfit vom Kleidungsdiscounter? Nein, das bedeutet ja auch Kinderarbeit und Dumpinglöhne. Fair gehandelte Klamotten? Zu teuer für die Jugendlichen! Aber Kleidung nicht einfach wegzuwerfen, sondern zu tauschen und so gleichzeitig etwas Gutes für die Umwelt zu tun, ist möglich!

Wie ich lernte, dass ich etwas bewegen kann!

Die Peer-Leader von Peer-Leader-International haben bereits viele Aktionen durchgeführt. Jeder Peer hat seine eigene Geschichte, wie er selbst aktiv geworden ist.

Die Peers treffen sich regelmäßig und sind für Fragen offen. Sie haben ihre eigene Facebook-Gruppe, dort findest du viele Ideen und lernst Aktionen kennen, die von Jugendlichen geplant und durchgeführt wurden:

www.facebook.com/peerleaderinternational1/

6. Partizipation

Wissenswertes für Lehrkräfte

7. Kooperationen

Möglichkeiten von Engagement und Vernetzung

Schülerfirmen und -genossenschaften stehen im Schulalltag vor großen Herausforderungen. Wenig Zeit in der Stundentafel, wechselnde Schüler*innen, Rechtliches – das sind nur einige Dinge, die es zu bedenken gibt. Bei Schülerfirmen als Fair Trade Botschafter kommt die intensive Herausforderung mit dem komplexen Thema der Globalisierung hinzu. Um das alles langfristig erfolgreich zu organisieren, sind gute Partner sehr hilfreich. So können Eine-Welt-Läden, Bioläden oder auch Genossenschaften und Schulbehörden eine sinnvolle Unterstützung bieten.

Finden Sie heraus, wer in Ihrem Bundesland Ansprechpartner für nachhaltige Schülerfirmen/-genossenschaften sein kann, und lassen Sie sich beraten.

Bezugsquellen und Netzwerk

Es gibt Firmen, die nur fair gehandelte Produkte vertreiben – sie werden auch als Fair-Handelsunternehmen bezeichnet. Das sind Importfirmen wie die GEPA, El Puente, dwp oder BanaFair. Viele Fair-Handelsunternehmen bieten neben den eigentlichen Produkten auch inhaltliche Unterstützung für Schulen an. Die GEPA und El Puente sind Pioniere des Fairen Handels und arbeiten bereits eng mit Schülerfirmen und -genossenschaften zusammen. In vielen Regionen sind Weltläden Ansprechpartner des Fairen Handels vor Ort. Über eine Kooperation können Produkte gemeinsam bestellt und somit auch höhere Rabattstufen beim Einkauf erreicht werden. Viele Schülerfirmen nutzen eine solche Kooperation bereits erfolgreich.

Im Netz finden Sie gute Anregungen und Beispiele:

Die Nasch-Community ist ein Netzwerk für nachhaltige Schülerfirmen bundesweit und ist zu finden unter:

www.nasch-community.de

Weitere Informationen und Materialien über Schülergenossenschaften in Niedersachsen finden Sie unter:

www.schuelergenossenschaften.de

Eine weitere Übersicht sämtlicher Schülergenossenschaften bundesweit bietet:

www.schuelergeno.de

Eine überregionale Plattform für den Austausch von Informationen zum Thema Schülergenossenschaft inklusive aktueller Forschungsbeiträge bietet die Homepage der Fachhochschule Frankfurt am Main:

www.genoatschool.de

In Niedersachsen gibt es ein von der Niedersächsischen Landesschulbehörde organisiertes Netzwerk der regionalen Berater*innen von nachhaltigen Schülerfirmen. Dieses findet man unter:

www.mk.niedersachsen.de/schule/ schuelerinnen_und_schueler_eltern/ nachhaltigkeit/nachhaltige- schuelerfirmen-90558.html

Informationen für Schülerfirmen finden Sie beispielsweise hier:

GEPA – Schüler*innen aktiv für Fair Trade:

[www.gepa.de/mitmachen/das-koennen-sie-tun/schuelerfirmen.html]

El Puente bietet für Schüler*innen ein eigenes Sortiment von Lebensmitteln bis Kunsthandwerk an:

[www.el-puente.de]

Im Bereich Kleidung bietet Mela Wear fair gehandelte T-Shirts und Hoodies, die auch umweltfreundlich bedruckt werden können:

[www.melawear.de]

In Regionalen Fair-Handelszentren (RFZ) kann ein breites Warensortiment des Fairen Handels bezogen werden. Diese und weitere wichtige Bezugsquellen finden Sie unter:

[www.fairtrade.de]

Deutschland wurde 2002 das Forum Fairer Handel e. V. gegründet. Es ist das zentrale Netzwerk des Fairen Handels in Deutschland.

Auf der Internetseite finden Sie Anregungen für den Unterricht bzw. die Bildungsarbeit sowie Informationen zu Referent*innen im Fairen Handel:

[www.forum-fairer-handel.de/bildung]

Einen Austausch schaffen!

Im Zeitalter der Globalisierung ist es besonders wichtig, Toleranz und Verständnis für andere Lebensweisen zu besitzen, voneinander zu lernen und Erfahrungen auszutauschen. Daher ist gegenseitiger Austausch sehr wichtig. Unterstützung dafür bekommen sie von verschiedenen Bildungsprogrammen.

CHAT der WELTEN

Der CHAT der WELTEN ist ein Angebot von Engagement Global zum Globalen Lernen für Klassen aller Schulformen. Schülerinnen und Schüler kommen über digitale Medien ins Gespräch mit Menschen in anderen Ländern und werden dabei fachlich und pädagogisch begleitet:

[www.chat.engagement-global.de]

Begegnungsräume schaffen

Besonders spannend für die Schüler*innen kann eine Begegnung mit Referent*innen aus der Entwicklungszusammenarbeit, aus anderen Ländern oder von Akteuren im Bereich des Globalen Lernens sein. Auch die Einladung junger Freiwilliger aus Programmen wie Weltwärts – ein entwicklungspolitischer Freiwilligendienst – bietet die Möglichkeit zu Erfahrungsaustausch und authentischem Erleben.

Referent*innen können über das Programm Bildung trifft Entwicklung (BtE) angefragt werden. BtE nutzt für die entwicklungspolitische Bildungsarbeit die Erfahrungen und Kompetenzen zurückgekehrter Fachkräfte aus der Entwicklungszusammenarbeit, von Freiwilligen aus entwicklungspolitischen Freiwilligendiensten und von Menschen aus den Ländern des Globalen Südens:

[www.bildung-trifft-entwicklung.de]

Finanzielle Förderung

Für Schülerfirmen und -genossenschaften ist die Vorfinanzierung von Produkten und auch die Finanzierung von Aktionen eine Herausforderung.

Folgende Förderinstrumente könnten für Schülerfirmen interessant sein:

- Zinsloses Darlehen beim Förderverein an der Schule
- Kooperation mit sozialen Einrichtungen, Weltläden oder Bioläden
- Spendenaktion bei schulischen Veranstaltungen
- Gründung von Genossenschaften. Jeder Genosse, jede Genossin bringt über einen Anteilsschein Geld für einen Kapitalstock ein.

Teilnahme an Wettbewerben/ Contests für Schülerfirmen

Nehmen Sie an Wettbewerben wie zum Beispiel dem Kongress „WeltWeitWissen" teil. Dort wird im Schülerwettbewerb jedes Jahr nach tollen Projekten des Globalen Lernens und der Bildung für nachhaltige Entwicklung an Schulen und bei außerschulischen Gruppen gesucht. Es gibt Preise, die Gewinner*innen können ihr Projekt beim Kongress vorstellen und werden dort ausgezeichnet.

Schulwettbewerb des Bundespräsidenten zur Entwicklungspolitik
„Alle für Eine Welt – Eine Welt für Alle"

Mit dem Schulwettbewerb zur Entwicklungspolitik „Alle für Eine Welt – Eine Welt für alle" rufen der Bundespräsident und der Bundesminister für wirtschaftliche Entwicklung und Zusammenarbeit seit 2003 Schülerinnen und Schüler der Klassen 1 bis 13 alle zwei Jahre zur Auseinandersetzung mit Themen globaler Entwicklung auf. Auf der Webseite finden sich viele Unterrichtsvorschläge und Materialien:

www.eineweltfueralle.de

Durch solche Wettbewerbe können Sie die Ideen der Mitarbeitenden der Schülerfirma einer großen Öffentlichkeit vorstellen und erhalten dadurch eventuell über Gewinnprämien auch ein Startkapital. Nutzen Sie die Öffentlichkeit dieser Veranstaltungen.

Schülerfirmenmessen

Viele Schülerfirmennetzwerke organisieren regelmäßig Schülerfirmenmessen. Während dieser Messen stellen die Schülerfirmen sich und ihre Angebote vor und treten in den geschäftlichen Austausch mit anderen Schülerfirmen oder auch lokalen Unternehmen. Auf den Messen können neue Ideen entstehen oder in Workshops methodische Kompetenzen gestärkt werden.

Weiterführende Literatur zu nachhaltigen Schülerfirmen

Bunsen, C. (2009):
Eine Schülerfirma aufbauen und managen. Anleitungen und Organisationshilfen zur praktischen Umsetzung in der Förderschule. 6.-10. Klasse. Hamburg.

Carpus e. V. (2009):
Fairer Handel in Schülerfirmen - Arbeitshilfe für nachhaltiges und solidarisches Wirtschaften in Schülerfirmen.

> www.carpus.org/content/media/428.pdf

Corleis, F. (2009):
Aktive Schülerfirmen - Chance für eine nachhaltige Schulverpflegung. Kleine Schriften zur Erlebnispädagogik, Band 42. Augsburg.

de Haan, G. (2013):
Nachhaltige Schülerfirmen.
Gründen - Umsetzen - Gestalten. Handreichung. Berlin.

Krause, K. (2002):
Die Schülerfirma - fit machen fürs Berufsleben. Stamsried.

Pädagogisches Zentrum Rheinland-Pfalz (2007):
BNE praktisch, Heft 49 - Nachhaltige Schülerfirmen.
Bad Kreuznach.

Stadt Hannover (2015):
Alles was Recht ist. Rechtliche Grundlagen für nachhaltige Schülerfirmen in Hannover. Broschüre.

Netzwerk für nachhaltige Schülerfirmen der Freien Universität Berlin mit Informationen und Materialien.

> www.nasch-community.de

Internetseite zu nachhaltigen Schülergenossenschaften, liefert Informationen und nützliche Tipps für genossenschaftlich orientierte Schülerfirmen.

> www.schuelergenossenschaften.de

Bundeswebsite des Transfer-21-Programms mit Werkstattmaterialien zu Schülerfirmen.

> www.transfer-21.de

Wissenswertes für Lehrkräfte

8. Best Practice – Ideen für mehr Gerechtigkeit

Ein Wettbewerb der Bildungsinitiative „Schülerfirmen als Fair Trade Botschafter" unter den teilnehmenden Schülerfirmen und -genossenschaften im August 2016 gab kreative Impulse, wie Fairer Handel in den Lehrplan integriert werden kann. Die Mitarbeiterinnen und Mitarbeiter der Schülerfirmen hatten über den gesamten Projektzeitraum Ideen entwickelt, um den Fair Trade Gedanken in die Öffentlichkeit zu tragen und das schulische Umfeld zu beteiligen. Die Planungen wurden dokumentiert und für den landesweiten Wettbewerb als Projektmappe eingereicht.

Im Rahmen einer Abschlussveranstaltung im April 2017 präsentierten die Schüler*innen ihre Ideen der Öffentlichkeit. Sie kooperierten mit anderen Schülerfirmen in Netzwerken. Bei all ihren Aktivitäten übten die Schüler*innen selbstbewusstes Auftreten als verantwortungsvolle Wirtschaftsakteure.

Hier finden Sie einige Ideen als Anregung für Ihre eigene Projektarbeit!

Anders und fair!

Eine Aktionsidee der Schülerfirma ALLES LOGO aus Osnabrück:

Warum nicht einmal als Schülerfirma an die Universität gehen? Das dachten sich die sieben Mitarbeiter*innen und informierten Studierende in einem Seminar zum Textilen Gestalten über faire Schülerfirmen und faire Textilien. Somit sensibilisierten sie zukünftige Designer für faire Produktionsbedingungen.

Mehrsprachigkeit

Eine Aktionsidee der Schülerfirma KÜCHENZAUBER aus Delmenhorst:

„Egal auf welchem Kontinent oder in welchem Land: Wir möchten, dass Menschen mit ihrer Arbeit mindestens so viel verdienen, dass sie davon leben können." Nach diesem Motto wurde ein Flyer entwickelt, der überwiegend in vier Sprachen über Fairen Handel informiert.

Süße Grüße

Aktionsideen der Schülerfirmen C-FAIR aus Holzminden und S'COOL SHAKES aus Syke:

Lehrer*innen und Schüler*innen konnten bei den Schülerfirmen Nikoläuse erwerben und diese mit einer lieben Botschaft an Kolleg*innen oder Mitschüler*innen versenden. Die Schülerfirmen übernahmen die Zustellung. Mit dem Fair Trade-Nikolaus wurde über Fairen Handel informiert.

Fair-Schenken

Eine Aktionsidee der Schülerfirma BLAUER BLITZ aus Köln:

Oft verschenken wir Dinge und Sachen, die der Beschenkte vielleicht schon besitzt oder manchmal gar nicht mag. Warum nicht faire Lebensmittel und ein gemeinsames Kochen „fair-schenken"? Diese und weitere Anregungen gaben die Mitarbeiter*innen auf ihrem Wintermarkt.

Fairer Raum

Eine Aktionsidee der Schülerfirma CAFÉ HEINRICH aus Göttingen:

Die Schülerfirma richtete an einem ganzen Tag ein Motto-Cafe ein, um über Fair Trade zu informieren. Mit Infotischen und Plakaten sowie Spielen und einem Quiz wurden Schüler*innen, Lehrkräfte und Eltern erreicht.

Eigene Kaffeemarke

Eine Aktionsidee der Schülerfirma FAIR TRADE COMPANY aus Dormagen:

Seit September 2016 verkaufen die Schüler*innen eigenen fair gehandelten Knechtsteden-Kaffee, den sie zusammen mit der „Rheinischen Affaire" auf den Markt gebracht haben. Der Kaffee wurde in Zusammenarbeit mit vielen Partnern auf der 1. Dormagener Umwelt- und Naturerlebniswoche vorgestellt.

Schoko-Tauschaktion

Eine Aktionsidee der Schülergenossenschaft FAIRSALZEN aus Salzhausen:

An einem Aktionstag konnten alle Schüler*innen ihre herkömmliche Schokolade von zu Hause gegen eine faire Schokolade tauschen. Ziel war es, aufzuzeigen, dass auch diese Schokolade gut schmeckt, und über faire Handelsbedingungen zu informieren. Mit der getauschten Schokolade wurde Kuchen mit Biozutaten gebacken, damit diese noch verwendet wird.

Weitere spannende Aktionen:
Eine Aktionsidee der Schülergenossenschaft DIE PRINTPOENTEN aus Duderstadt: Am Tag der offenen Tür veranstalteten die Schüler*innen ein literarisches Café mit einem selbstgeschriebenen Text-Adventure. Der Text handelt von einer Näherin aus Bangladesch. Am Ende jedes Kapitels wird der Leser vor die Wahl gestellt, wie er weiter vorgehen möchte. Seine Entscheidungen beeinflussen den Verlauf der Geschichte. Nach dem Lesen der Geschichte wurden die unterschiedlichen Handlungsstränge besprochen und soziale Ungerechtigkeiten thematisiert.

Partner der Bildungsinitiative „Schülerfirmen als Fair Trade Botschafter"

Die Träger der Initiative

Der Förderverein Nachhaltige Schülerfirmen e. V. wurde 2013 von erfahrenen und langjährigen Regionalkoordinator*innen des bestehenden Netzwerks für Nachhaltige Schülerfirmen Niedersachsen gegründet. Vereinszweck ist die Initiierung von innovativen Pilotprojekten zur Qualitätsentwicklung von nachhaltigen Schülerfirmen in Niedersachsen. Dies erfolgt unter Berücksichtigung der Kriterien für eine nachhaltige Entwicklung.

Das Umweltbildungszentrum SCHUBZ ist ein vom Land Niedersachsen anerkanntes regionales Umweltbildungszentrum in Trägerschaft der Hansestadt Lüneburg und des Landkreises. Es entwickelt Bildungskonzepte und Bildungsmaterialien im Kontext einer Bildung für nachhaltige Entwicklung (BNE). Bei den Bildungsangeboten werden alle Schlüsselthemen einer BNE in den Blick genommen. Überregionale Fachtagungen sowie landesweite und internationale Projekte gehören ebenfalls zum Portfolio.

www.schubz.org

Die Bildungspartner der Initiative

Das Eine Welt Netz NRW ist der Dachverband entwicklungspolitischer Organisationen und Einzelpersonen in Nordrhein-Westfalen. Gemeinsam mit seinen Mitgliedern setzt er sich unter anderem für fairen Welthandel und globalen Umweltschutz, für Menschenrechte und kulturelle Vielfalt ein. Schwerpunkte sind dabei Bildungs- und Öffentlichkeitsprojekte sowie Beratung, Vernetzung und Fortbildungen.

www.eine-welt-netz-nrw.de

Die NaSch-Community ist die einzige bundesweite Austauschplattform für nachhaltige Schülerfirmen. Lehrkräfte, Schüler*innen, nachhaltig wirtschaftende Unternehmen und Multiplikator*innen treffen in der Community zusammen, tauschen sich aus und unterstützen sich gegenseitig. Im offenen Bereich der NaSch-Community werden außerdem Materialien rund um nachhaltige Schülerfirmen gebündelt.

www.nasch-community.de

Der Verband Entwicklungspolitik Niedersachsen e. V. (VEN) ist das unabhängige Landesnetzwerk entwicklungspolitischer Nichtregierungsorganisationen, Initiativen und Weltläden in Niedersachsen. Im Zentrum der Arbeit stehen entwicklungspolitische Bildungs- und Öffentlichkeitsarbeit, Globales Lernen, Kampagnen- sowie Lobbyarbeit für eine gerechte, zukunftsfähige Welt.

www.ven-nds.de

Die Hochschule Osnabrück hat 13.500 Studierende in über 100 Studiengängen. Zudem ist sie die forschungsstärkste Hochschule in Niedersachsen. Gleichzeitig sieht es die HS OS als ihre Aufgabe an, im Rahmen eines Studiums nicht nur fachliche und überfachliche Kompetenzen zu vermitteln, sondern durch ihre Angebote auch Haltungen zu prägen und aufgeschlossene Persönlichkeiten zu fördern.

www.hs-osnabrueck.de

 Der Verein Niedersächsischer Bildungsinitiativen e. V. (VNB) ist ein niedersächsischer Dachverband von Vereinen der außerschulischen Jugend- und Erwachsenenbildung. Er unterstützt Bildungsinitiativen zu inhaltlichen, organisatorischen und finanziellen Fragen und führt gemeinsam mit ihnen Bildungsprojekte durch.

www.vnb.de

 Das Programm „Bildung trifft Entwicklung" (BtE) qualifiziert und vermittelt zurückgekehrte Fachkräfte aus der Entwicklungszusammenarbeit, Freiwillige aus entwicklungspolitischen Freiwilligendiensten und Menschen aus den Ländern des Globalen Südens für die entwicklungspolitische Bildungsarbeit.

www.bildung-trifft-entwicklung.de/regionale-bildungsstelle-nord.html

 Peer-Leader-International (PLI) ist ein von den beiden Vereinen PARTNERSCHAFT MIRANTAO e. V. und ZUKUNFT LEBEN e. V. initiiertes Projekt. Es gibt weltweit verschiedene Standorte. Peer-Leader-International gibt 13- bis 20-jährigen Jugendlichen Möglichkeiten, sich auszuprobieren, Neues kennenzulernen und sich dadurch auf ein selbstbestimmtes, engagiertes und weltoffenes Leben vorzubereiten.

www.peer-leader-international.org

Die Wirtschaftspartner der Initiative

 Die GEPA ist Pionier in Sachen Fair Trade: Seit 40 Jahren handelt sie zu fairen Bedingungen mit ihren Partnern weltweit, von denen sie Lebensmittel und Handwerksprodukte bezieht. Dabei geht das Unternehmen häufig über Standards hinaus – mit dem Ziel, den Fairen Handel weiterzuentwickeln.

www.gepa.de

 Die El Puente GmbH gehört zu den Pionieren der Fair-Handelsbewegung. Bereits seit Anfang der 1970er-Jahre setzt sich das Großhandelsunternehmen für einen gerechten und partnerschaftlichen Welthandel ein. Die Beratung und Unterstützung engagierter Schüler*innen ist ebenfalls ein wichtiges Anliegen.

www.el-puente.de

 Die Memo AG, die 2016 ihr 25-jähriges Bestehen feierte, ist ein Versandhandel mit über 18.000 Produkten für Büro, Schule, Haushalt und Freizeit, die gezielt nach ökologischen und sozialen Kriterien ausgewählt sind. Viele davon sind mit anerkannten Umweltzeichen ausgezeichnet.

www.memoworld.de

 Die Mela Wear GmbH steht für in Indien fair produzierte ökologische Kleidung. Nachhaltigkeit ist dem Unternehmen wichtig. Ziel ist es, innovative Textilprodukte zu kreieren und diese nach höchsten sozialen sowie ökologischen Standards zu produzieren und zu einem bezahlbaren Preis zu verkaufen.

www.melawear.de